お悩みは精神科医　Tomyにおまかせ！

相談する勇気

精神科医Tomy

飛鳥新社

相談するのは
悩みを解決するためじゃない、
ストレスを手ばなして
ラクになるためよ！

みなさん、こんにちは。精神科医Tomyです。

本書は一冊まるごとお悩み相談の本です。

なぜ、アテクシがいまこういう本を書いたのかというと、**困ったり悩んだりしたら、ひとりで抱え込まないで家族でも友人でも上司でも誰でもいい、とにかく相談してみて！** ということをみなさんにお伝えしたかったからです。

たしかに、相談してもすぐに問題は解決しないかもしれません。でも、**悩みを誰かに伝えるためには、自分の頭の中をいったん整理することになるわけですから、それだけでも確実に気持ちがラクになります。** 10点からいきなり80点にならなくてもいい。15点になるだけでも、現状よりは間違いなくいい方向へと向かいます。いまはそれでよしとしましょう。

悩みは軽重の差こそあれ、誰にでもあります。家庭のことや仕

事のこと、人間関係、将来のこと、お金のこと、健康問題など、悩みのない人なんていません。

　そして、一見元気そうにしている人だって、時には悩みすぎたり、落ち込んでしまったり、気力がわいてこなかったりして、どうすればいいのかわからなくなっていたりするもの。**ツラいのはあなただけではありません**。安心しましょう。

　アテクシの患者さんのなかにも、自分がどうすればいいのかよくわかっていなくて、悩みに悩んで消耗してしまっている人が大勢います。

　それが「うつ」とかの病気が原因である場合は、お薬を処方するなどして治療が必要になりますが、そこまではいかないけど、何かが心に引っかかっていて落ち込んでいるという状態の人も多く、そういう場合には、「あなたは病気じゃなくて悩んでいるだけなので大丈夫ですよ」と伝えてお悩みを聞いてあげます。

　そして、**ラクに生きるためにどうすればいいのか、「物事の捉えかた」を変えるためのアドバイス**をします。

自分の考えかたに固執しすぎると、ますます悩みが大きくなる

　悩むこと自体は悪いことではありません。むしろ、真面目な人や責任感が強い人ほど、思い悩んでしまい、気持ちがなかなか軽くならないようです。

　悩みごとを抱えている最中は、精神的にも肉体的にもしんどく、もしかしたらずっとこのままなんじゃないかと途方に暮れてしま

うこともあります。

　こういう状態になっている時は、物事に対する**「認知のゆがみ」**があり、それに気づいていないからうまくいってないことがよくあります。

　ちょっと難しい言いかたをしてしまいましたね。ごく簡単に説明すると、「認知」とは、その人自身の物事の捉えかたや考えかたのこと。そしてその「認知」によって**自分を追い詰めてしまったり、悪いことばかり想像してしまうような考えかたのパターンを「認知のゆがみ」といいます。**

　おそらく、悩んでいる時には、みなさんそれぞれに「欲しがっている答え」があります。それが運よく見つかれば、抱えている悩みはそれほど深刻なことにはなりません。

　ところが、どんな人でも一般的な物事の捉えかたや考えかた、行動からズレていることがあります。

　そのズレを把握して、「このへんが落としどころじゃないかな」と思えればいいのですが、なかには、自分の考えに固執しすぎるあまり、うまく折り合いがつけられない人もいます。

　そうすると、そのズレが生きづらさにつながり、深刻な悩みやトラブルへと発展してしまうわけです。

　そんな時、誰かに相談して適切なアドバイスをもらうと、すんなりと悩みが解決したり、深刻さが薄れたりすることがあります。**ほかの人に話すことで、自分の考えかたのズレに気がついたり、修正できたりするからです。**

これは、カウンセリングの基本である「認知行動療法」にも取り入れられている方法です。

アテクシも診察の時には、まず、患者さんのお話を聞きながら、患者さんが認知のゆがみを認識し、行動パターンを変えられるようアドバイスしています。

もちろん、患者さんに「それ、間違ってますよ」と、頭ごなしに指摘しても、本人がそれを受け入れてすぐにいい方向にいくわけではありません。

その人の考えかたや姿勢、性格などを踏まえて、適切な言いかたで伝えることが大切なのです。

アテクシの場合は、「このやりかただとちょっと不都合が起きているんじゃない?」とか「こういう考えかたはどうかしら?」とか、会話するなかで患者さんが気づくように手助けする感じです。

相談することが、考えかたの癖やズレを 修正するきっかけになる

これまでたくさんの患者さんを診てきましたが、患者さんとお話ししていると、お顔がフッと変わる瞬間があります。アテクシの言葉が腹に落ちた瞬間といいましょうか。考えかたや気の持ちようが変わるスイッチが入るのでしょうね。

精神科の治療では、薬の処方が必要な場合もあるのですが、なかには会話を重ねることで認知のゆがみが修正され、それでどうにかなってしまうこともあります。

アテクシとの対話で悩みが解決して、気持ちが明るくなって生

きやすくなったと患者さんに言っていただけたり、診察が終わってスッキリとしたお顔の患者さんをみたりするのは、精神科医としてとても嬉しいですし、やりがいを感じる瞬間です。

　この本ではアテクシのもとに寄せられた多くのお悩みの中から、他の方が読んでも役立ちそうな、なるべく汎用性の高い相談事例をピックアップして、その対話の様子を具体的に紹介しました。
　自分のお悩みにピッタリ重ならなくとも、**他人のお悩みの中にあなた自身の考えかたや物事の捉えかたを変える、さまざまなヒントが詰まっている**ことがあります。
　しんどいな、つらいな、困ったなと感じた時に、気になった相談ごとから読んでみてください。すべての相談は対話形式なっていますから、相談者をご自身や知り合いに置き換えて、実際にアテクシと対話しているつもりで読んでいただけたらと思います。そして、その受け答えの中から、**自分の考えかたの癖やズレを修正するきっかけが見つかれば、ストレスに強くなったり、不安に脅かされることから回避できるようになったり**するかもしれません。

Ｔｏｍｙが伝授！
心がラクになる
７つの「相談の心得」

相談のしかた・受けかたにもコツがある

　相談するのって簡単なようで案外難しいもの。やみくもに相談しても、単なる愚痴になってしまい、解決につながらないばかりか、相談相手に迷惑をかけてしまうこともあります。

　では、具体的にどうすればいいのか。相談する際には、ここに気をつけるとうまくいくとアテクシが思うことを、以下に「相談の心得」としてまとめました。参考にしてください。

　なお、この心得は、あなたが"相談を受ける側"になった場合にも使えます。相手の気持ちやアドバイスをする際の方向性を探りやすくなりますよ。

.... 心得① ....

何を相談したいのかを
ある程度ハッキリさせておく

....

相談するためには、まずここを押さえておくことが大切です。「それがわからないから相談してるんじゃない」と思うかもしれませんが、ダラダラ思いつきで話されても、甘えや依存、単なる愚痴になりがち。相手だって困ってしまいます。

どういうことで悩んでいるのかを整理して、どういう答えを得られたら自分が落ち着くのか、ある程度方向性を決めておきましょう。そうしないと、納得のいく答えがもらえるまで話が続いて、出口の見えないループにハマってしまいます。

相談する時は他人の大切な時間を使っています。そういうことを続けていると、相手との関係が悪くなってしまうかしれません。

逆に、愚痴が言いたいだけだという時なら、ハッキリ「愚痴りたいから」と伝えましょう。そしてお互い了解の上で、気が済むまで愚痴を言い合えばいいのです。**相談なのか愚痴を言っているだけなのか、お互いにわかっておくことが大事**です。

心得②

勇気をもって自分と向き合い、
自分から心を開く

相談することは、「**自分と向き合う手助けを、お願いすること**」と心得ましょう。悩みを解決するためには、自分と向き合って、最終的には自分でどうにかするしかないのです。

自分と本気で向き合うのは勇気がいることです。もしかしたら見たくなかった自分、認めたくない自分を見つけることになるかもしれません。

ちょっときつい言いかたかもしれませんが、本心を見せてくれ

ない人の悩みを、本気で聞いてくれる人はいません。ですから、勇気を振り絞って自分から心を開くしかありません。

　それができれば、いろいろな人から助けが得られるようになってきます。そこから少しずつ解決に向かって動き出すのです。**必要なのは、「自分の心を開いて相談する勇気」**なのです。

心得③

相談内容にかなった相手を見つけておく

　悩みを相談する時に大事なのは、適切な相手に適切な相談をすることです。

　ただの知り合いからいきなり重い相談をされるのは、はっきりいって迷惑ですからね。かといって、悩みを相談するために人間関係を広げようとしてもうまくいきません。できることなら、仕事の悩みだったらこの人、プライベートの悩みはこの人など、今ある人間関係の中から相談相手を見つけましょう。

　そのためにも、**ふだんから相談できる人間関係を作っておくことが大切**です。

心得④

謙虚さを忘れない

　いちばんダメなのが、「私の話を聞いて聞いて！」とひたすら自分語りをしてしまうこと。せっかく相談に乗ってくれる相手を見つけたのなら「申し訳ないけど、今すごく悩んでいるから、話を聞いてもらっていいかな」という**謙虚さを忘れない**ようにしま

しょう。

　ただし、恐縮しすぎて相談できなくなってしまうようでは本末転倒です（もっとも、相談したいけどできないと悩んでいるような人は、ちゃんと相手に配慮できている証拠だからあまり心配はいらないと思うけど）。

心得⑤

悩みが深刻化する前に、
カジュアルに悩みをはき出す

　あまりためこまず、**こまめに悩みをはき出す**ことも大切です。
　いきなり重い内容を相談すると、相手も困ってしまいます。「実はちょっと最近困っててさぁ」「ふーん、どうしたの？」くらい気軽に相談する習慣をつけておけば、悩みが深刻化する前に解決してしまうこともあります。

心得⑥

相談の落としどころを見込んでおく

　何でもそうですけど、結論や終わりをある程度見込んでおくことが大切です。
　どんな相談で、自分はどうしたいのかを最初に伝えてあげると相手が安心します。ヘンな話ですが、答えが見つからないから相談するというよりは、**自分の答えが間違っていないかを確認するために意見を聞き出すくらいのつもりで相談する**ほうが、相手もイエスかノーか判断がつきやすくなりますし、アドバイスも的確

になります。

　相談を受けたのはいいけど、あれもこれもと聞かされ泥沼になってしまうようだと、そのうち相談を受けてもらえなくなってしまいます。もちろん、自分の思い通りに話が進むかどうかは相談してみなければわかりませんが、落としどころをなんとなく設定しておき、それを相手に同意してもらえさえすれば、その相談は成功したのも同然と考えましょう。

それでも日常生活に影響が出てきたら
早めに専門家に相談する

　とはいえ、眠れない、食欲がない、仕事や家事ができないなど、日常生活に影響が出てきた場合には、**遠慮せずに、メンタルクリニックやカウンセラーなど、専門家に頼る**ことを考えましょう。

　それが単なる悩みの範疇であっても、カウンセラーが話を聞いてアドバイスしてくれますし、万が一うつの症状が見られるような場合なら、適切な指針を示してくれるはずです。

　いかがですか？

　相談する時には、まずこの７つの心得を確認しながら、相談する内容をまとめてみてください。

　また、よく「精神科の先生ってどうやって探せばいいの？」と聞かれるのですが、アテクシとしては、まずは通いやすいところに行くことをおすすめします。いくら評判のいい医院や医師がいても、通うのがおっくうになってしまうようだと、なかなかうま

くいきません。

　それから、**精神科の治療には絶対的な正解はないので、最終的には相性が合う先生のところに行くのがベスト**です。先生との相性をチェックするには、いろいろ質問してみましょう。質問した時に、ごまかそうとしたりムッとしたりしていないか。逆に、医師だって万能ではありませんから、わからないことはわからない、あるいは次回までに調べておきますなどとはっきり言ってくれる先生なら安心です。

　そして最後にひとつだけ。

　人に迷惑をかけていないか、仕事ができていないんじゃないかなどと責任を感じて悩んでいる時点で、あなたは優秀な人です。迷惑をかけているどころか周りから頼られています。なぜなら、本当にダメな人は悩みませんから。

　ダメな人は、自分のことをダメだと思っていません。むしろ自分は他人より優秀だ、くらいに思っています。

　いいですか、悩んでいる時点であなたは優秀だし、周囲の人にとって"必要な人"です。安心してください。

　何度も繰り返しますが、しんどくなったらひとりで抱え込まないこと。とにかく勇気をもって相談し、心を開いて助けを求めましょう。そこからあなたと相談相手との、素敵な関係が始まるのです！

Part 1
Tomy の お 悩 み 相 談
〈 家 庭 編 〉

Part 2
Tomyのお悩み相談
〈恋愛編〉

Part 3

Tomy のお悩み相談
〈仕事＆職場編〉

Part 4
Tomyのお悩み相談
〈友人&対人関係編〉

Part 5

Tomy のお悩み相談
〈老後の不安&健康編〉

Part 1

Tomyの
お悩み相談

〈家庭編〉

家庭の問題って難しいのよ。他人がとやかく言う問題じゃないって気もするし、かといって、放っておくと問題が深刻化することもあるしね。でも、はっきりさせておくべきなのは、家族だからといってダメなものはダメだということ。そして、家族だからこそ、甘えられるところは甘えるべきだとうこと。そのさじ加減が大切よ。

妻が不機嫌で、家に帰りたくありません。離婚すべきでしょうか?

妻がいつもイライラしています。飲み会の帰りにはお土産を買って帰ったり、遅く帰った時は洗い物をしたりと私なりに気を遣っているのですが、何をしても機嫌が悪いままです。仕事で疲れて帰っても家でくつろぐことができず、正直、妻のいる家に帰りたくありません。最近では「不機嫌ハラスメント(フキハラ)」が原因で離婚するケースもあると言いますが、仕事で疲れて、家庭でも疲れて、このままだと家出してしまいそうで不安です。

 こんにちは。なかなかつらいわね。奥さんの機嫌が悪いのは、どういう時かしら?

 そうですね。たいがいイライラしているんですけど、特にひどいのは、私が帰宅して食事をしている時の会話がきっかけになっているような気がします。

 それはどうして?

 妻の話はほとんどグチで。マシンガンのように話してくるんですよ。しかも、話に脈絡がなくて。話の途中で別の話題に変わっていたり、結論がない話を延々と聞かされたり……。正直、仕事で疲れている自分には、妻の話

を聞く元気がありません。聞き流して生返事をしてしまうので、最終的には私の態度が気に入らないと、感情的になって私を責めてきます。

なるほどね。

一度スイッチが入ると怒りが収まらないようで、1時間以上ネチネチと責められることもありますし、「あのときはこうだった」とか「あなたは前から◯◯だった」とか、ずいぶん前のことまで突っかかられて、正直、勘弁してくれと思います。

それはつらいわね。

そうなんですよ。だから家に帰りたくなくなって、しなくてもいい残業をして帰宅するのが遅くなり、ますます妻の機嫌が悪くなるんです。文字通り**「不機嫌ハラスメント（フキハラ）」**という感じで、自分でもどうすればいいのかわかりません。

まさしく負のスパイラルね。こういう時はあなたと奥さんの双方が行動を変えないと、ズルズルその状態が続いちゃうの。だからまず、**相手の行動を変えるために、自分の行動を変えていきましょう。**

それは、イライラしてる妻に優しくするとか、無理にでも話に付き合うとかですか？

そうじゃないの。それだと余計に悪化するから気をつけてね。

 どういうことですか？

 相手の行動の変化を促すのは、言葉じゃなくて自分側の行動なの。そして、ここが大切なんだけど、**相手が望ましい行動をしていない時は、こちらも望ましい行動はしないようにすること。**

 具体的にどうすればいいんでしょう？

 そうねえ。たとえば、奥さんがイライラしている時はしゃべらなくていいんじゃない？　別の部屋にこもっていればいいのよ。何か聞かれたら「イライラが収まったら話を聞くから、その時に声をかけて」と説明するの。

相手の行動を変えたい時は、まず自分の行動を変える

人間は相手の行動に対応して、自分の行動を変える生き物なの。つまり、**相手の反応、望ましくない行動のほとんどは自分の行動が招いている**の。相手にそうさせる自分の行動があるはずよ。そんな時は、自分の行動を少し変えるだけで、環境が変わっていくわ。

話を聞かなかったら、もっとイライラして責められそうな気がするんですけど……。

 その時は「きみがイライラしてる間はしゃべらないから」って再度、伝えましょう。

 そんなこと言っていいんですか!?　火に油を注いでいるような……。

 いいの。むしろ、奥さんがイライラしている時に**顔色を伺いながら何かするほうがよくない**の。

 えっっっ、そういう時こそ機嫌をとったほうがいいんじゃないですか?

 そうするとね、奥さんに**「イライラしていると夫が優しくなる」という条件付けができてしまう**の。それは単に奥さんに媚びてるだけ。条件付けをミスっているから、奥さんはずっとイライラするのよ。

 顔色を伺って優しくすれば、かえってイライラされる……なんだか理不尽な気がするんですけど。

 奥さんだって意識してそうしているわけじゃないわ。自分がイライラしていると夫が優しくなるから、ずっとイライラした行動をとるようになっただけよ。

 私は逆の態度をとっていたんですね。

そう。つまり**相手が望ましい行動をした時に、相手が喜ぶ行動をとればいいの**。たとえば、奥さんが頑張ってイライラを抑えようとしているな、あなたに気を遣っているな、と感じた時に優しくするの。ケーキやおやつを買って帰るとか、話に付き合うとか。

なるほど。

イライラして不機嫌な時にご機嫌とろうとしちゃダメよ。**相手がマイナスの行動をとっている時はリアクションしない、プラスになった時に自分もプラスの行動をとる、という条件付けを守るの。**

じゃあ、ずっと妻がイライラしている場合はどうすればいいんでしょう?

そういう時は、「今日は疲れているから、今度、ふたりで話する時間を持とう」と提案するの。お子さんを誰かに預けられるなら計画を立てて、「ちょっとおいしいものでも食べながら話そうか」とか言えば、奥さんだって悪い気はしないと思うのよ。

たしかにそうですね。

どちらか一方が我慢する関係は続かないわ。お互いが変わらないといい関係は築きにくいものよ。そして、行動が変わらない人には、言葉で言ってもダメなの。**相手の行動を変えたいなら、まずは自分が行動を変えましょう。**

だんだんわかってきました。でも、家族のために毎日頑張って仕事しているのに、そこまで気を遣わないといけないのか、という思いもどこかに残っています。こういう言いかたは嫌ですが、家庭の大黒柱である自分に、もう少し優しくしてもらえないんですかね。

その気持ちもわかるわよ。ただ、「自分が大黒柱なのに」とか「誰のおかげでメシが食えてるんだ！」とか言っちゃうのは、攻撃になるので絶対ダメ。不満は上品に伝えないとね。たとえば、「今日は疲れているから先に寝るよ」と宣言するとか、それもしんどいならひと言もしゃべらずに寝るとかね。そして、あとで理由を聞かれたら「疲れてたんだ」って伝えるの。

それならできそうです。ただ、そうすることで今よりイライラされそうで、ちょっとこわいです。

そうねえ。じゃあ、こう考えてみて。人に優しくするのは相手のためだけじゃなくて、自分のためだって。**人に優しくしていると、相手との関係がよりいいものになっていくから、自分の心も優しくなれる**わ。結局は自分に返ってくるものよ。自分のためだと思えば、理不尽に感じることも少なくなるんじゃないかしら？

なるほど、そう考えると報われるかもしれませんね。**妻を変えるために自分が変わる**。思ってもみなかった対応ですが、まずはできることからやってみます！

人に優しくするのは
自分のためなのよ

人は、優しいから他人に優しくできるわけじゃなくて、**優しい行為をするから、他人にも自分にも優しくなれる**の。相手のためだけじゃなくて、自分のためだと思って、相手に優しくしてみて。きっと対応が変わってくるから。

CASE

2

子どものためを思って注意しているのに、言うことを聞いてくれません！

専業主婦です。中学生の子どもの反抗期がつらくて悩んでます。夫や子どものために、毎日、食事に気を配り、家の中も居心地がいいよう整えています。それなのに、息子はすごく反抗的で最近ではほとんど口をきいてくれません。夫は仕事で忙しいからと、まともに話を聞いてくれないし……。家族のために頑張っているのに報われなくてつらいです。

 そうねえ、まず、お子さんにどういうふうに接しているのかしら？

 食事や寝る時間、インターネットやゲームの時間などを、少し厳しめに管理しています。

 たとえば？

 そうですね。朝はギリギリまで寝ていたいようですが、朝ごはんを食べて欲しいので急かして起こします。あと、ゲームは1日1時間までと決めて、スマホのアプリを使って、約束の時間を過ぎたらゲームが中断されるようにしています。ほかの家庭に比べると厳しいのかもしれませんが、**子どものためよかれと思って言っている**んです。

息子さんはどんな反応なのかしら？

 うっとうしがっていつも不機嫌です。ゲームのことも、友人はもっと自由にやってると文句を言われます。最近は、部屋にこもりがちで、必要最低限しか口をきいてくれません。

 お子さんはおいくつ？

 中学2年生です。

 あら、じゃあ、もう自分のことは自分でできる年齢じゃない。朝は自分で起きられるでしょうし、ゲームだってやりたいようにやらせてあげれば？

 でも、健康のためには、早起きして朝ごはん食べたほうがいいですし、ゲームだってやりすぎると勉強の邪魔になるし、目が悪くなっちゃいます！　心身ともに健康的な生活を送ってほしいんです……。

 たしかに、ゲームのやりすぎはよくないわよね。夜更かしの原因になるし。

 そうですよね！

 ただ、**お子さんが「余計なお世話」と言いたくなる気持ちもわかる**のよね。

そんな……。

 じゃあ、**ごほうび方式**を導入してみたらどうかしら？

 ごほうび方式？

 たとえば、テストの点数が上がったら、ゲームの時間を増やしてあげるとか。

 ごほうび……。うちの子の成績はクラスでもトップクラスなので、難しいかもしれません。

 あら、成績がいいんだったら、もうちょっと制限を緩めてあげればいいんじゃないの？

 緩めてゲームばっかりしちゃったらと不安なんです。**私がちゃんと見ていてあげないと**……。

 そうねえ……。ところで、旦那さんはどう言ってるの？

 夫は仕事で忙しくて話をあまり聞いてくれません。

 ひとりでぐるぐる悩んじゃってるのね。少し子どもから離れて、自分の趣味を楽しんだり、お友だちと食事したりしてみたら？　日々のグチをお友だちに話せるし、いい気分転換になるんじゃない？　もうちょっとあなた自身が楽しんだほうがいいわよ。

……。そんなふうに遊んでいる方もいらっしゃいますけど、私は家のこと、家族のことをちゃんとしたいんです。

う——ん。ちょっと厳しいことを言うかもしれないけど聞いてね。これはね、共依存かもしれないわ。**あなたは、お子さんを管理することが趣味や生きがいになっている**んじゃないかしら。一生懸命すぎてやりすぎちゃうから、お子さんもうんざりするのよ。

私が共依存？　そんなことないです。私は子どものためを思って言ってるんです。

あのね「あなたのため」って言っている時点で、ほとんどは自分のためだからね。あなたの場合は、お子さんが言うことを聞かなかったり、口をきいてくれなかったりするのが問題なんじゃなくて、あなたが**自分のストレスを「子どもを管理すること」で置き換えようとしている**ことが問題なの。

どういうことですか？　私のストレス？

アテクシ、あなたの根本的な問題は「旦那さんが話を聞いてくれないこと」じゃないかと思うんだけど、どうかしら？

それは……。たしかに、夫が私の話を聞いてくれないことは不満です。ただ、いまさら変わらないでしょうし、しょうがないとあきらめてます。

Tomy's 10秒アドバイス

「あなたのためだから」は
「自分のため」

相手に何かを言う時は、相手のことを思って言ってるのが当たり前でしょ。それをあえて「あなたのため」って口に出してアピールする時は、含みがあると思って間違いないわ。そう、「あなたのため」と言いつつ本当は「自分のため」なの。本人は意識していても、していなくてもね。

ほんとにそう？　旦那さんに対して何も感じていないの？

まあ、夫に家庭のことを相談できればいいなとは思ってます。

それが積もりに積もって、自分でも気がつかないモヤモヤになってるんじゃない？

モヤモヤ……はしてますね。たしかに。子どものこと、ほかにも相談したいことがあるのに、**疲れているからと聞く耳を持ってくれない**ですから。

なるほど。それだと不満もたまるわよね。ちなみに、旦那さんと話そうとするのはどんなとき？

夫の帰宅が夜10時過ぎとか、かなり遅いことが多いので、そのあとですね。朝は私もバタバタしてますし、話ができる時間がないので。

それはバッド・タイミングよねえ。それじゃあ聞く耳は持ってもらえないわよ。

どうしてですか？

ちゃんと理由はあるんだけど。その前に、旦那さんにはどんなふうに話しかけてるの？

夫がごはんを食べてる時に、私もテーブルについて、今日こんなことがあって、みたいに話すことが多いです。

そうでしょ。それじゃあ、話は聞いてもらえないわよ！

え——。ふつうに話してるんですけど。

気づいていないかもしれないけど、あなたは話をする時に自分のことを勢いにまかせてわーっとしゃべってしまうところがあるのね。そうすると旦那さんからすれば「いつ終わるの？　疲れてるのにやめてよ」という気持ちになってしまうわ。

そんなふうに思われるんですか？　それになんだか、私だけが悪者になっているような気がするんですけど。

まぁ少し落ち着いて。そうじゃなくて、話しかたを工夫するの。**話を聞いてほしい時は、目的やメリットをはっきりさせるといいわよ。**

どういう意味ですか？

たとえば、最初に「子どものことを相談したいの」って伝えるの。お子さんのことは旦那さんにとっても大事なことでしょうから、話を聞く姿勢になるんじゃない？

たしかに。子どものことだったら聞いてくれるかもしれませんね。

あとね、あなたが話したいタイミングじゃなくていいから、と伝えることも大事よ。**「今じゃなくていいから、話をする時間をとってほしい」**とお願いするの。

そんな悠長な……。私としては、なるべく早く問題を解決したいと思っているんですけど。

疲れてる時に話を聞くのって、誰だって嫌がるものよ。エネルギーを吸い取られちゃうからね。旦那さんは帰宅が遅いようだし、平日は難しいでしょうね。であれば、話を聞いてもらえるタイミングを、向こうから指定してもらえばいいのよ。

そうですか……。

 そういう話もできそうにないんだったら、ショートメールなどで送ってもいいわ。「子どものことで相談したいことがあるの。いつなら時間がとれる？　休みの日でもいいから、お願い！」ってね。

 夫の予定に合わせるってことですね？　私だって疲れているんだから、ちょっと腹立たしいですけど……。

 おそらく、旦那さんが聞くのを避けようとするのは、**「私の話を聞いて、私を癒して」っていうあなたの態度が露骨に伝わってくるから**だと思うわ。疲れた時にそんなこと言われるのは苦痛でしかないわよ。あらかじめ相談したいと伝えれば、「明日は早く帰るから」「休みの日に時間をとる」とか、対応してもらえるわよ。

 別に、夫に癒してほしいとか、そんなつもりはないんですけど……。

 でも、話を聞いてもらえないとつらいんでしょ？　それをどうにかしてほしいっていうのは「私を癒して」だと思うわよ。

 そうなんですか……。

 あと、**話を聞いてもらいたいだけなら、ママ友に話したほうがいいわよ。**お互いに夫のグチを言い合うと、気が

晴れたりするものじゃない？　それに、グチを聞くのは
嫌という男性は多いし。

たしかに、ご近所付き合いや仕事関係のグチを言うとき
は、特に対応が冷たかったような気がします。グチを聞
いてもらいたいのか、夫に相談をしたいのか……。これ
まで、そんなふうに考えたことなかったです。思いつく
ままにしゃべってました。

お互いの会話の目的が違うかもしれないから、そこをわ
かっていると余計な軋轢を避けやすくなるわ。

そうなんですね……。

そうなのよ。男女のすれ違いって、その感覚の違いによ
るところが大きいとアテクシは思うの。あと、もうひと
つ。これは大事なことだから聞いて欲しいんだけど。

なんでしょうか？

あのね、お子さんの成長を願うのは、本来は「希望」だ
から、そこに怒りは起きないはずなの。もし、あなたが
お子さんに対して怒りが起きるのなら、それは**「こうな
ってほしいのに」というあなたの押し付けが混じってい
る**とアテクシは思うの。

そんなことありません！　私は子どものために、ちゃん
とした生活を送ってほしいと思っているだけなんです。

じゃあ、ちょっと考えてみて、あなたの思うちゃんとした生活って、お子さんにとっても理想の生活なの？

 ……それは違うかもしれません。

 であれば、**あなたの期待であり、あなたの価値観**よね。あなたがそれを押し付けるから反抗的になるし、口もきいてくれないんじゃないの？　**希望と期待は違う**の。自分の期待をお子さんに押し付けないようにしましょうよ。

 そう言われてみると、押し付けなのかもしれません。希望と期待は違う……。よく考えてみます。

Tomy's 10秒アドバイス

期待されると
人はダメになる

「希望」は願いを持つこと、「期待」は自分の理想を押し付けること。これは全く違うものよ。相手に怒りが起きるのは「期待」、つまり自分の価値観を押し付けているから。それに気がついたら、期待（押し付け）はやめて、希望に変えていきましょうね。

CASE

3

両親の仲が悪くて家にいたくない！
もしかして私のせい?

私の両親はとても仲が悪くて、家の中ではケンカしてるか、会話がほとんどないかのどちらかです。物心ついたころから、両親が仲良くしている姿を見たことがありません。家の居心地が悪いから早く帰りたくなくて、書店やコンビニで時間をつぶしています。ただ、夜遅く帰ると怒られるんですよね。正直、どうすればいいかわからなくて途方に暮れてます。

 それは困ったわね。あなたはおいくつ?

 高校2年生です。

 家に帰りたくない時はどうしてるの?

 友だちと遊ぶこともありますし、なんの予定もない時は図書館に行ったり、ウインドウショッピングしたりして時間をつぶして、できるだけ遅く帰るようにしてます。ただ、そうすると、両親、特に母親の機嫌がさらに悪くなるんですよね。

 そうねえ。女の子だし、夜遅くまで外にいるのは親御さんも心配するわよね。

そうはいっても、母親は常にイライラしてるし、仕事から帰った父親はムスッとしてお酒を飲んでるし、とにかく家の居心地が悪いんです。ふたりとも機嫌が悪いから、私がどうにかしなきゃいけないのかな？　とか、自分がもっといい子だったらふたりは仲良くできたのかな？とか思い悩んじゃうんです。

 最初にこれだけは言っておくわ。**あなたは悪くない**から！　これはご両親の問題よ。

 でも、私にも何かできることがあるんじゃないかと思っちゃうんです。

 そうね。まずは、**ご両親にあなたの気持ちを正直に伝えましょう**。「お父さんとお母さんの仲が悪くて雰囲気が悪いから、家に帰りたくない」ってね。

 そんなこと言っていいんですか？

 だって本当のことでしょ？

 それはそうですけど……。

 「ふたりが仲良くしてくれればまっすぐ家に帰るけど、こんな状態が続くんだったら帰りたくないよ」くらい言ってもいいと思うわよ。

そんなこと言ったら両親の仲がますます悪くなるような気がするんですが……。

もしかしたら、そうかもしれない。でも、自分の正直な気持ちを伝えることはとても大事なことよ。もっとも、人の行動はなかなか変わらないんだけどね。

言っても言わなくても仲が変わらないなら、私はどうすればいいんでしょうか？

そうね。まずは**自宅以外に自分の居場所をつくりましょう**。アテクシがあなただったら、ひとり暮らしをするか、祖父母に助けを求めるかするわ。

ひとり暮らしはさすがにダメだと思います。おじいちゃん、おばあちゃんは遠方だし、会う機会も少なくてあまり頼れません。

そうなのね。近かったら避難場所になるんだけど……。学校の先生には相談できない？

あんまり頼れそうにない雰囲気です。

じゃあお友だちは？　近所に仲が良くて、ご家族とも親しくしているお友だちはいない？

幼なじみがいます。そこのお母さんには子どものころから可愛がってもらってるので、頼れるかも。

事情を説明して、少し寄り道させてもらうようにしたらどうかしら？

 そうですね。でも、今も週に1、2回はお邪魔してるんです。あんまり多いと迷惑かなと思って、控えてたんですよね。詳しい事情も話してないですし。

 ご両親の仲が悪いなんて話したくないわよね。でもね、あなたは若いのに遠慮しすぎなんじゃないかしら。未成年だしできることは少ないんだから、**身近な外部に助けを求めることが大事**よ。子どもだからって遠慮しないで、正直に気持ちを伝えることが大事。

 そうですね。かなりしんどくなってきたので今度話してみます。

 それがいいわ。いいこと、**自分だけは何があっても自分の味方なんだから、絶対に自分の心にウソをついちゃだめ**よ。お友だちのご両親でも、学校の先生でも気兼ねなんかいらないわ。そのために大人はいるんだ、くらいに考えていいのよ。

 ちょっと気持ちが楽になりました。

 ご両親の仲が悪いのはあなたのせいじゃないし、あなたにはどうにもできないかもしれない。**あなたにできるのは、自分が楽に過ごせる場所を探すこと**。それを忘れないでね。

ウソをついてはいけない たったひとりの相手、 それは"自分"

これは綺麗ごとじゃないの。自分にウソをつくクセがつくと、自分が自分の味方につけなくなっちゃうわ。少なくとも自分だけは自分の味方にならないと！

あなたの心はあなただけのもので、何を思っても、感じてもいいの。自分の正直な気持ちを、相手にちゃんと伝えましょうね。

4

一生懸命家事をしても家族から 文句を言われ、心が折れそうです

専業主婦歴20年以上です。毎日、家族のために、食事の準備、掃除、洗濯をこなしているのに、家族から感謝の言葉は一切ありません。それどころか文句を言われる始末。就職活動をしている娘からは、仕事をしていない私をバカにするような発言をされ、心が折れました。家族をギャフンと言わせたいんですけど、どうすればいいでしょうか?

こんにちは。お疲れのようですね。家のことはやることがたくさんありすぎて、のんびりする時間がないんじゃないですか?

ありがとうございます。そんなふうに言っていただいてうれしいです。

毎日のことだから休めないものね。

そうですね。食事はインスタント食品や冷凍食品、惣菜などを使わず、できるだけ手作りにしてます。それに、夫や娘が突然友人を連れてくることがあるので、掃除も手が抜けません。家族が不便のないように、いつ誰がきてもいいように、完璧に家事をこなしてきました。

それはすごいわ。

 ただ、最近は、以前のように完璧にはできてません。

 ちょっとがんばりすぎたのね。

 でも、家族から感謝の言葉があれば、もう少し違っていたかも……。

 感謝されてないの?

 感謝されるどころか、最近は、「いつも同じような料理で飽きた」とか「部屋がモノだらけでグチャグチャ」とか「荷物の受け取りを頼んでたのに」とか文句ばかり。娘からは専業主婦をバカにするようなことまで言われ、正直、やってらんないわ、という気分です。

 それはつらいわね。ちゃんと家族に文句を言った?

 ありがとうございます(涙)。でも家族には何も言えなくて……。

 どうして何も言わないの? ちゃんと怒ればいいのに。**「私にばっかりやらせて、自分たちは何もしてないじゃない!」**って怒ってみれば?

 私、キレてもいいんでしょうか?

いいと思うわよ。あなたの堪忍袋の緒が切れかけていて、不満がたまっていることを、ちゃんと相手に伝えたほうがいいわ。ただし、**下品なキレかたはダメ。上品にキレましょう**ね。

 上品にってどういうふうにすれば？

 たとえばこんなふうに宣言してみたらどうかしら？「私、家事はきちんとやってるつもりだけど、最近は文句ばっかりね。**私も疲れたから日曜日は家事をお休みすることにします！** ごはんは買ってきたものを冷蔵庫に入れておくので、各自で好きなように食べてね。掃除も洗濯もしないのでよろしく！」ってね。

 そんなこと言ってもいいんでしょうか？ 会社勤めもしていないし、学校に通っているわけでもない私が休んだりしても。

 会社も学校もお休みがあるじゃない。彼らもずーっと働きっぱなし、勉強しっぱなしではないでしょう？ **家事だってお休みの日をつくっていい**と思うわよ。

 そう考えるとたしかにそうですね。

 あとね、毎日完璧にしなくてもいいのよ。月曜は掃除をしない、火曜は料理をしない、水曜は洗濯しない、木曜は1日ゴロゴロするとか、自分でお休みの日を作ったらどうかしら？

でも、なんだかサボってるみたいで申し訳ないです。

 何を言ってるの、疲れたら休めばいいし、手を抜いていいの。旦那さんもお子さんも、自分がやったことがないから、家事がどれくらい大変なのかピンときてないのよ。

 そうかもしれませんね……。

 あなたがお休みすれば、必然的に自分たちでどうにかするしかなくなるでしょ。温かくておいしい料理も、居心地のいいきれいな部屋も、お日さまの匂いがする洗濯物も、手間と時間がかかってるってことをわかってもらえるんじゃないかしら。

 ふふ。たしかにそうですね。

 あなたがこれからすべきことは **「上手に手を抜くこと」**。手を抜くにもコツがいるから、やることをひとつずつ減らしたり休みを増やしたりして、自分の能力を上手に使うようにしましょうね。

 ありがとうございます。お休み、手抜き、いいですね。がんばりすぎないようにします。

ストレスを減らしたいなら、 「手抜き上手」になることよ

手抜きって悪いことじゃないわ。優秀な人って、自分にとって必要のないものをバッサバッサと切り捨てて手抜きができるの。そうすることで、**自分の能力ややりたいことが最適化できる**のよ。それは家事も同じだと思うの。「家族のため」ってなんでもかんでもやってあげるんじゃなくて、休みの日をつくるとか、自分が必要ないと思ったことはやめて、上手に手抜きしましょうね。

CASE

5

浮気をした夫を一度は許したものの、どうしても怒りが収まりません！

結婚して10年、夫婦円満だと思っていたら夫が浮気していました。証拠を揃えて問い詰めたところ、夫から「浮気相手とは別れる。離婚したくない」と懇願され、子どものことを考えてやり直すことにしました。半年ほど経ちましたが、浮気された事実が心にトゲのように刺さってます。どうすれば夫を許せるようになるのでしょうか？

 信じていた旦那さんに浮気されちゃったのね。つらかったでしょう。浮気は本当に女性を傷つけるわ。

 はい。浮気が発覚した時は、それこそ崖から突き落とされたような気持ちで、精神的におかしくなりそうでした。でも、土下座して謝られたので許すことにしたんです。**その時は納得したつもりだったのですが、正直、今でも心にその時のトゲが刺さっています。**ただ、子どもがふたりいるし、私は仕事をしていないので生活も不安だし、離婚することは考えていません。

 あなたはこのままでいいの？

よくはないです。浮気をする前と同じようにしたいんですけど、気持ちがついていかなくて。自分でもどうすればいいのかわからなくなってます。

 そうなのね。いま、旦那さんとの関係はどう？　会話やスキンシップはどうかしら？

 正直、顔を見るのもイヤだし、口もききたくありません。もちろん、セックスレスです。ふとしたときに思い出して、どうしようもない気持ちになって、夫を責めてしまうんです。

 なるほどね。

 夫は浮気が発覚した直後は「反省した。もう二度としない」なんて殊勝な態度でしたけど、半年経ったいまでは、開き直って**「これ以上、俺はどうすればいいんだ」と逆切れすることもある**んです。

 まあねえ。旦那さんにとっては、もう終わったことなんでしょうね。

 私はまだ忘れてません！

 じゃあ、まず**旦那さんにどうして欲しいのか、何をしてもらったら許せるのかを考えてみましょう**。高価なバッグや宝石を買ってもらうなんてのは、わりと多いわよね。

バッグや宝石にはあまり興味がないんです。

 じゃあ、**浮気のきっかけになったことをやめてもらう**のはどう？　不安がなくなるんじゃない？

 職場不倫だったんです。浮気相手は同じ会社で働いてるから、関係を断つとしたら仕事をやめるしかありません。でも、転職は難しいですし、正直、今の会社をやめられても困るんです。

 あらあら。八方塞がりね。

 もう、自分でもどうすればいいのか……。

 まあね、そもそも浮気をしてる時点で、夫婦の信頼関係が壊れてるから、**本来は離婚したほうがいい**とアテクシは思うの。

 離婚ですか!?

 考えてみて。相手の存在が苦痛になっているのなら、一緒にいる意味はないでしょう？

 でも、離婚は子どもにも影響があるって聞きますし……。簡単には決められません。

アテクシ、いつも思うのだけど、**「子どものため」と言って別れないのはよくないと思う**の。子どもって敏感よ。浮気に気がつかなくても、お母さんがストレスを抱えていたり、お父さんと仲がよくなかったりっていうのはわかるものなの。

そうなんでしょうか……。

旦那さんを好きな気持ちが少しでも残っているのなら、結婚生活を続けてもいいと思うわ。でも、許せてないんだったら離婚したほうがいいわよ。**人を許す究極の方法は、許せない人と関わらないこと**だから。

許せない人と関わらない……。夫のことは許したいとは思ってるんです。ただ、うまくいかなくて。そういう時はどうすればいいですか？

それは許せてないってことよ。そもそもこういう気持ちになっている時点で、やり直すのは難しいの。もう少し時間が経って、落ち着いてからでないと冷静になれないと思うわ。

毎日の生活のこともあるし、なかなか冷静になれません。

人を許す究極の方法は、許せない人と関わらないこと

許す、許さないっていう考えかたはあなたの心を縛りつけるわ。そういう悩みを持たせる人とは、いったん離れてみましょう。その人のことが好きだったらまた会いたくなるわよ。そうなれば、許せてるから会ってもイライラしないはずよ。浮気されて許せないんだったら、離婚か別居をおすすめするわ！

抵抗があるなら、離婚しなくてもいいわ。まずは**別居して距離をおいてみたらどう**かしら？　お子さんには、どうして別居するのかちゃんと説明して。

距離をおけば許せるでしょうか？

それはわからないわ。というより、許せなくていいのよ。そもそも浮気に対する考えかたって個人差があって、何回浮気されても許せる人もいるし、１回の浮気も許せない人もいるの。結婚する時に、この人は浮気するだろうと思っていれば続けられるでしょうけど、そうじゃない**人はがまんして許さなくていいし、一緒にいる必要もない**とアテクシは思うの。別居だったら、なんだかんだ関わりがあるでしょうし。まあ、一番スッキリするのは、

離婚することだけどね！

離婚はしないと思い込んでたんですけど、そういう選択もあるんですね。先生の言葉、すごく説得力があります。ただ、せっかく縁があって結婚したのに、とも思うんですよね。子どもの父親でもありますし。

そうね、もしかしたら、距離をおいて冷静になったら、やり直したいと思うかもしれないわ。それはそれでいいのよ。**離婚して自由な立場になってから、「やっぱりこの人がいいな」と思ったら、再婚すればいいじゃない！**

同じ人と再婚するんですか!?

別に問題ないでしょ。世の中には同じ人と２回、３回結婚する人もいるわ。**いったん離婚してから決める、その過程が必要**なの。

なるほど。

離婚した後で再婚するのは、自分の自由意志だからストレスがないの。離婚せずにがまんして一緒にいるのは、誰も幸せになれないわよ。**離婚でも別居でもいいから、まずは旦那さんと距離をおく**ことをおすすめするわ！

たしかにそうですね。今の状況はお互いイライラしてよくないですし……。よく考えてみます。

Tomy's 10秒アドバイス

離婚って、いろんな可能性が生まれるのよ

家庭内が険悪な状態になっても別れないのは、夫婦にとっても子どもにとっても幸せではないわ。この人と一緒にいないといけない、というがまんがストレスになるの。それだったら、いったん離婚したほうがいいとアテクシは思うの。**離婚すれば、復縁するかもしれないし、新しい幸せがあるかもしれない。**いろんな可能性が出てくるはずよ。

退職後の夫が邪魔でしかたない！
世話を焼かずに放置プレイしたい

今年の春に夫が定年退職を迎えました。定年まで真面目に働いてくれたことは感謝しています。でも、退職後、ず──っと家でゴロゴロしているんです。朝昼夕と食事を作らないといけないですし、何をしてもやりっぱなし出しっぱなしなので、部屋を片付けてもすぐに散らかります。しかも、自分が引きこもるだけならまだしも、私が遊びに出かけることにもいい顔をしません。かといって、ふたりで何かするわけでもないんです。正直、息が詰まって耐えられません。

 これはまた、うっとうしそうな感じね。

 そうなんです。特に負担なのが食事で、ひとりだったら簡単にすませるのに、夫がいるとちゃんとしないといけなくて。最近は「今日のごはん何？」と聞かれるのがイヤでたまりません。

 旦那さんを置いて、気晴らしに出かけてみたらどうかしら？

 私はそうしたいんですけど、友人と食事に出かけたりすると夫がいい顔をしなくて。

あらまあ。ほんとにしょうがないわね。じゃあ、こうしちゃいましょう！　まずね、「ごはん何？」って聞かれたら、あなたがふだん食べてるものを言うの。そこで手抜きだとか、ほかのメニューがいいとか文句を言われたら、「じゃあ好きなものを適当に食べて」、と言って出かけるの。

いいんでしょうか。

だって、あなたはふだんそうしてるんでしょ？　**旦那さんがそれに不満なら、自分でどうにかすればいいのよ。**そこで文句を言われたら、そこで自分の気持ちをちゃんと説明するの。たとえば「せっかく作っても手抜きとか言われたらイヤなの」「おいしいとか、作ってくれてありがとうとか言われたら、私も喜んで作るよ」というふうに。

なるほど。いいかもしれません。反応がない場合にはどうすればいいでしょう？　文句を言わないけどほめられもしない場合は？

そういう時は、毎回、同じ料理にしてみたら？　カレーとかお茶漬けとか。さすがにずっと続くと文句のひとつくらいは出るんじゃない？

たしかにそうですね。

「なんでカレーばっかり」と聞かれたら、「だって反応ないから。何食べても一緒なのかと思って」「食べられるなら同じものでいいんでしょ」って言ってみるの。

そんなこと言ったら、機嫌が悪くなって怒り出しそうな気がします。それも面倒なんですよね。後でご機嫌を取らないといけないから。

そこでご機嫌を取るのはダメよ。そんなことすると、**怒ったり機嫌を悪くしたりしたら、あなたが言うことを聞く、という学習効果が生じてしまう**わ。

学習効果……。

あなた、旦那さんのために食事を作ったり、掃除をしたりすることは当たり前のことだと思ってない？

それはそうですね。ずっとそうしてきましたから。

あなたがそれを楽しんでいたり、がまんすることなくできていたりするならいいんだけど、お話を聞いてると、旦那さんが退職してから、その負担が大きくなってイヤになってるんじゃないかしら？

たしかにそうですね。夫が働いていた頃より家事の負担が増えています。しかも、私が忙しくしているのに、夫は毎日ゴロゴロ、ダラダラ過ごしているから、余計にイライラしてしまうのかもしれません。

退職後は毎日がお休みですものね。まあ、しばらくはのんびり過ごすのもアリだけど、ずっとそんな生活送ってると老け込んじゃいそうよね。

そうなんです。1日中パジャマで過ごしているだらしない姿を見ると、本当にげんなりします。

それはたしかにイヤね。そんな**旦那さんの行動を変えてもらうには、あなたがふだんと違う行動をとる必要があ**るの。

たとえばどんなことですか?

それこそ、さっき言った食事に対する文句が出た時の対応がそうよ。**あなたがふだんしているように、負担がないようにやってみて、それで文句が出るなら「どうぞご自由に」って放置して**みましょう! もしそこで旦那さんが怯んだり、謝ってきたりするなら「おいしそうとか、いつもと違うね、なんて言ってくれたら私も頑張れるのよ」って言ってみればどうかしら?

なるほど。

ここで大事なのは、**自分が起こしたアクションに対して、相手が疑問を持った時に「こういうことです」と説明してあげること**なの。そしてね、これは相手にやってもらいたいことがある時にも有効よ。

どういう意味ですか？

たとえば、文句を言われた時に「じゃあ、明日の昼はあなたが作ってね」とお願いしてみたらどうかしら？　包丁を握ったことがないとか、料理がまったくできない旦那さんだったら、一緒に作るのもいいかもね。料理はボケ予防にいいからとか、料理ができる男性ってかっこいいよねとか、うまく言ってその気にさせてみたら？

それはとてもいい案ですね。

こういう時って、口で言っても伝わらないし、相手の行動は変わらないわ。特に、**ここがダメとかだらしないとか小言ばかり言ってると、相手は耳が痛いし、意固地になって耳を貸さなくなるもの**よ。まずは自分の行動を変えないと相手も変わらないわ。

たしかに、うるさく言っても何も変わりませんね。それどころか、ますます自堕落になってきてるように感じます。

でしょ？　あなたの家事の負担を減らすためにも、**旦那さんに料理を覚えてもらうのはいいやりかた**だと思うわよ。

夫が料理できるようになれば私も楽です。夫がその気になるように、作戦を練ってみます！

相手に変わって欲しいなら、あえて相手を困らせちゃうの

相手に不都合な行動をとると、相手はそれをやめてもらうためにどうすればいいかを考えるわ。何かしらのリアクションがあるから、そこで、自分がとった行動には理由があること、「あなたにこうして欲しい」と思っていることを伝えるの。そうすれば、相手の言動も何かしら変わってくるはずよ。

退職したので妻と旅行や趣味を楽しみたいのに、妻が相手をしてくれない

先月、長年勤めた会社を定年退職しました。就職してから働きづめで、まとまった休みはほとんどとれませんでした。子どもが小さいころに行っていた家族旅行にも仕事の関係で私だけ参加できず、さみしく感じていました。今は時間がゆっくりとれるので、妻とどこか旅行にでもと思ったのですが、妻は友人との付き合いで忙しいらしく、いい返事がもらえません。妻と楽しく過ごすためには、どうすればいいでしょう？

 定年退職されたんですね。まずはお疲れさまでした。

 ありがとうございます。自分でも一区切りで、「さあここから楽しむぞ！」と思ってたんですけどね。

 当てが外れちゃったんですね。

 はい。妻にこれからは夫婦でゆっくり過ごそう、旅行にでも行かないかと誘ったのですが、忙しいからと断られてしまいました。

 それはつらいですね。

そうなんですよ。これまで仕事しかしてなかったから、毎日どうやって過ごせばいいかわからなくて……。それなのに妻は、趣味の集まりや友人との付き合いで忙しいらしく、毎日のように出かけます。**置いてけぼりにされて面白くないし**、これまで家族のために頑張った自分がバカみたいに思えてしまいます。

 まあ、そうねえ。奥さんにも言い分はあるかもしれませんよ。ちなみに、旅行の話は奥さんにどういうふうに伝えたんですか?

 ごくふつうに、旅行にでも行かないか?って言いました。

 あらら。それじゃあ奥さんだって、行きたいとは思わないでしょうねえ。

 どうしてですか?

 だって、**まったく魅力的じゃない**もの。どこかってどこ? 何するの? って思うわよ。

 それは……。妻は旅行とか遊びに行くプランを考えるのが上手だから、妻にまかせたほうがスムーズなんですよ。それに妻の行きたいとこに行ったほうがいいでしょう?

 それって奥さんにすべておまかせで、**ボクを楽しませてって言ってるようなもの。単なるかまってちゃんよね。**

そんな……。妻が好きなように過ごしてもらって、一緒に楽しみたいだけなんです。

だったら、**奥さんを楽しませるようなデートプランを提案してみたら**どうかしら？　そうね、まずは日帰りで行けるところ、ちょっとおいしいフレンチとか期間限定の美術展とか、雰囲気のある日帰り温泉とかを調べて「行ってみない？」と誘ってみるの。

デート……ですか。なんだか気恥ずかしいですね。

奥さんと一緒に過ごしたいんだったら、恥ずかしがってる場合じゃないでしょ！　そのままだとずっとほったらかしよ。いいんですかそれで？

よくはないです……ね。

そうでしょう。定年後は第二の人生っていうくらい長いんですから。**仲良く過ごすために、ちょっと頑張ってみましょう。**

わかりました。具体的にどうすればいいんでしょう？

奥さんの好きなことは？　どんな料理が好きで、興味のある分野は何かしら？　たとえば美術館巡りとか映画鑑賞とか、何かしらあるでしょう？

恥ずかしながら、思い浮かびません……。

もしかして、出かける時とか旅行する時、自分の行きたいところに行ってなかった？

旅行はほとんど一緒に行けなかったですし、日帰りのレジャーは妻に言われるがままに動いてました。私は運転手みたいなもので。

それは奥さんも大変ね。

どうしてですか？　車を運転して疲れるのは私ですよ。

運転は疲れるかもしれないけど、予約したり下調べしたりするのはすべて奥さんがしてたってことでしょう？ **手間がかかってるのは奥さんで、あなたは楽しませてもらってる側だった**のよ。

私は何もわかっていなかった、ということですか。

奥さんは不満だったけど、お子さんのために頑張ってたのかもしれないわね。今はあなたとふたりだけだから付き合ってくれないんじゃないの？

そういえば、子どもが家を出てから、家族というか夫婦ですごす時間が減りました。

であれば、**まずは、あなたから奥さんに「僕とこういう楽しいことをしませんか？」とプレゼンして、その魅力を伝えないと**。このままだと、奥さんはずっと付き合っ

てくれないわよ。

 どうすればいいんでしょう？

 最近の好みがわからないんだったら、**奥さんが昔好きだったことを思い出して**みましょ。久しぶりに映画を見るとか、初めてデートした場所に行ってみるとか。あとは、家事を手伝ってもいいかも。一緒に料理をする、掃除を手伝う、とか。

 なるほど。それならできそうです。

 家でゴロゴロして、「ごはんは？」「旅行に行きたい（けど計画は立てて）」とか言われたら、奥さんだってうんざりしちゃうわよ。

 いまの自分が、まさにそんな感じでした。

 奥さんが付き合ってくれなくなるのもわかるわー。

 お恥ずかしいです……。

 まずは、奥さんに喜んでもらえそうなプランを考えて提案してみましょう。それが奥さんの興味を惹くことができる内容なら、奥さんだって「ちょっと付き合おうかな」と思ってくれるようになるわ。

 なるほど。

それでもいい返事がもらえないようなら、まず自分の行動を変えましょう。たとえば、奥さんが遊びに行ってる間に洗濯物を取り込んでたたむとか、洗い物をしておくとか、奥さんが喜びそうなことをするの。そうすると、奥さんも「あれ？」って思うはず。**あなたが奥さんにとってプラスの行動をとれるようになれば、奥さんもプラスで返してくれるようになるはず**よ。

そんなにうまくいくでしょうか？

これはね、心理学では**「返報性の原理（法則）」**というの。**人は誰かから何かをしてもらったら、何かお返しをしないと申し訳ない、という感情が働くようになるもの**なの。あなたが奥さんのために何かしていれば、奥さんの態度だって変わるはずよ。ただし**見返りを求めちゃダメ。あくまでも、あなたが奥さんを喜ばせるためにやることが大事**なの。

わかりました。まずは妻を楽しませるプランを考えてみます。プレゼンは仕事でよくやってたんです。妻をクライアントだと思えばいいんですよね。ちょっとやる気になってきました！

まだ仕事が完全に抜けていないようだけど……でもいいわ、がんばって！

マイナスにはマイナスが、プラスにはプラスが戻ってくる

あなたにとって都合が悪い「不都合な現実」が起きているときは、だいたいは自分の行動に伴って起きているものよ。**人に対してマイナスの行動をすれば自分へもマイナスの行動が、プラスの行動をすれば自分へもプラスの行動が返ってくるの。**これは不変の法則と心得て自分の行動を変えましょう。そうすれば、自然に周りの行動も変わってくるわ。

CASE

8

同居の娘夫婦の在宅ワークが増えて家事配分がうまくできなくなりました

共働きの娘がフルタイム勤務だったこともあり、同居して家事や孫の面倒をみていました。コロナ禍の前まではちょうどいいバランスで、私は孫と一緒に過ごせて楽しかったし、娘からは家事の負担が減って感謝されてたんです。ところが、娘がほぼ在宅ワークになってから、なんとなく居心地が悪いというか、家事の配分がうまくできていないように感じるようになりました。お互いにイライラすることもあって困ってます。

こんにちは。娘さんご家族と同居されてるとのことですが、同居のきっかけはどちらからだったんですか？

そもそもは娘がフルタイムで働いていて、出産後仕事に復帰する時に、自分だけだと不安ということで同居の相談がありました。自宅も広いし、私たち夫婦の家で娘家族と一緒に住むことになったんです。

なるほど。お家は二世帯住宅ですか？

いいえ。玄関もキッチンもお風呂もトイレもすべて共有です。2階建てなので、2階は娘家族、1階は私たち夫婦の部屋やリビングやキッチンなど共有スペースですね。なんとなく住み分けてます。

共有スペースが多いから、ずっと一緒だとちょっとしんどそうですね。

そうなんです。コロナ禍の前までは、家のことは私が担当して娘は外で働くということでバランスがとれていたのですが、娘が在宅ワークになってからそのバランスが崩れてしまいました。

具体的にはどんなことに困ってます？

明らかないさかいはないのですが、**お互いが気を遣いながら、ちょっとずつイライラしている**ように感じます。それこそ、食事の支度をどちらがするか、とか、洗濯やお風呂のタイミングを見計らうのが面倒だったりとか。

いま、家事の配分はどうなってますか？

コロナの前とあまり変わらず、食事は私が準備して片付けは娘がやってます。洗濯は、以前は私の担当でしたが、いまは娘家族の分は娘がやって、私は夫と自分の分だけまとめてやってます。

なるほど、コロナ禍以降で、洗濯は配分の見直しができてて、食事はできてないんですね。

配分の見直し？

そうです。元々、娘さんが仕事で家にいる時間が少ないから同居を始めたんですよね。おそらく、食事の準備や片付けの配分は、その時に決めたままなんじゃないですか?

 はい、変わってません。

 在宅ワークになったいまは、**状況がこれまでと変わったから配分の見直しが必要**なんですよ。

 たしかに、娘が家にいる時間が増えて、家事も以前よりできるようになってますね。

 そうなると、娘さんも自分が作った料理を家族に食べさせてあげたいとか、自分の好きなものを作りたいとか思ったりするんじゃないかしら? 娘さんが家にいる時間が増えたのなら、週の半分は娘さんに食事の準備をお願いするとか、いっそ、娘さん家族の分は娘さんにまかせてしまうとか、配分の見直しをしたほうがいいと思うわ。

 なるほど……。そうかもしれません。

 あと、娘さんが家にいる時間が増えたのなら、あなたが散歩に出るとかして、**家にいない時間をつくったほうがいい**と思うわ。具体的に「私は1日に2時間、14〜16時は外に出かけるとか、ひとりになりたい」と宣言するのもテよね。**建設的に顔を合わせない時間をつくるの。**

71

ふつう、家族団欒が大事だから、一緒にいる時間を増やそうって言いませんか?

それはコロナ禍の前の話でしょ。

コロナ禍はそんなことにも影響するんですか?

もちろんです! そもそも、これまで家族団欒が大事、すれ違いがいけないと言われていたのは、仕事とか友だち付き合いとかが多くて家族がすれ違って、コミュニケーションがとれなくなっていたからよ。一緒にいる時間が少なかったから、「一緒にいましょう」と言われてたの。それが、**コロナ禍で一気に在宅ワークが進んだものだから、現在は家族が一緒にいすぎて都合が悪くなってるケースが多い**ように感じるわ。

一緒にいすぎて都合が悪くなる……。思いもよりませんでした。

アテクシ、**コロナ禍で大事なのは、建設的に、上手にすれ違う時間をつくること**だと思うの。それがお互いの関係性をほどよく保つために必要だし、大切だと感じてるわ。

納得です。娘と話し合って、いまの状況にあった配分を相談してみます。

Tomy's 10秒アドバイス

二世帯で同居するなら「上手なすれ違い」が大切よ

すれ違いという言葉にネガティブなイメージを持っている人が多いんだけど、コロナ禍以降、在宅ワークが増えた今では、お互いの関係性をほどよく保つためには、上手なすれ違いが必要よ。**一緒にいすぎてイライラするんだったら、建設的に顔を合わせない時間をつくって上手にすれ違いましょうね。**

9

当たり前のように孫の面倒を押し付けられるけど、うまく断れない

近くに住む長男夫婦から、休日に孫の面倒を見てくれと頼まれ
ます。孫はかわいいので二つ返事で引き受けていたのですが、
最近、面倒を見るのが当たり前になってしまって困ってます。
たまにならいいのですが、回数が多いとしんどくて。どうすれ
ばいいでしょうか？

 お孫さんはおいくつですか？

 3歳です。元気いっぱいの男の子で、かわいい盛りです。

 孫に会えるのは嬉しいけど、最近はしんどくなってきた
ってことですよね？

 そうなんです。孫はかわいいんですけど、体力がついて
いかなくて。

 どれくらいの頻度なんですか？

 週末はどちらか1日は預かってほしいと言われます。さ
らに、孫が体調を崩した時やお嫁さんが仕事で遅くなる

時は、保育園のお迎えを頼まれることもよくありますね。
孫の休調が悪い時はほぼ毎日お迎え、ということもあり
ました。

 それはたしかにしんどそうですね。

 急に頼まれることも多くて、自分の趣味を楽しむ時間や、
友人と会う時間がとれないのも困ってます。上手な断り
方ってどうすればいいんでしょうね！

 はっきり断るのが一番上手な断りかたですよ。その日は
ダメってNOをはっきり伝えるのはダメなのかしら？

 角が立ちそうというか、気を悪くしないかと心配で。友
人から「孫に会わせてもらえるだけ幸せ」なんて言われ
ると、私たちがちょっと無理すればいいのかな、なんて
思っちゃうんです。角が立たず、曖昧に伝える方法って
ないんでしょうか？

 曖昧に伝えるのって、実はお互いにとってよくないのよ。

 そうなんですか？

 曖昧に伝えるとうまく伝わらないの。上手に断るのは、
相手に明確なNOを伝えることが何より大事！

 なるほど……。

多少、工夫するのであれば「**この日はOK、この日はNO」というルールを決めて**おいて、OKの時を伝えておくといいわね。たとえば、土日に預かるのは毎週じゃなく隔週でとか、平日は何曜と何曜の何時から何時は大丈夫、とか。

自分の都合で決めていいんでしょうか？

いいに決まってるでしょ。ふつう、誰でも自分のことでいっぱいいっぱいなの。それは**わがままじゃないわ。自分に誠実なの。**相手の都合に合わせる必要はないの。

自分の都合で断ってもいいんですね。ちょっとほっとしました。ただ、断る時にしんどいからとか友だちとの約束とか、理由を言うのが恥ずかしいというか申し訳なくてそこが気になります。

ちょっと待って！　**断る時は理由も言わなくていい**から。自分がNOなんだからそれを伝えればいいの。

そうなんですか？

そうなのよ。アテクシもね、以前は断る時に理由を言ってたんだけど、そうすると、今度はそれをクリアするための交渉が始まるの。相手もお願いするために必死だから、そうなるのはしょうがないのかもしれないわ。それがわかってからは、**断る時は理由も言わず「断固NO」を伝えるだけ**にしているわ。

なるほど……。

 断る時には、相手のことは考えず、明白な「NO」を伝えましょう。**相手のことを考えると断れなくなるわ。そうすると、無理をすることになって、むしろ関係がうまくいかなくなってしまう**こともあるから、かえってよくないのよね。

 わかりました。断る時はシンプルに「NO」ですね。やってみます！

> ### Tomy's 10秒アドバイス
>
> # NOを言う時は
> # 相手のことなんか
> # 考えなくてよくってよ!
>
> 自分がやりたくないのであれば、妥協の余地なく、明白なNOを伝えましょう。「NO is NO」よ。断る時に「相手を傷つけずに」なんて考えると、断れなくなるわ。**理由も言わず、NOはNOとして伝えましょう。そうすれば1行で終わる**わよ。

10 息子夫婦から同居の申し出があるも、ひとり暮らしのほうが気楽

つい最近、人間ドックでがんが見つかりました。手術すること
になったのですが、息子にそれを伝えたところ、「退院したら
同居しよう」と言われました。私を心配してのありがたい提案
なのですが、正直、気が進まなくて悩んでます。夫に先立たれ
て10年以上ひとり暮らしをしていますが、なんの不自由もな
いですし、さみしいと思ったこともありません。ただ、息子が
心配する気持ちもわかるんです。今後のことを考えると同居し
たほうがいいんでしょうか。

 こんにちは。いろいろ大変ですね。お体はどんな状態な
んですか？

 先日、人間ドックを受けたところ、がんが見つかりまし
た。幸い早期だったので手術できるし、主治医からは
「深刻ながんではないし、年齢的にも術後の経過は心配
ないだろう」と言われています。

 それはよかったですね。

 はい。定期的に検査を受けていたことで早期発見できた
みたいで、ほっとしています。

それで、息子さんから同居しようって言われたんですか？

 そうなんです。入院や手術の手続きに家族の同意書が必要で、息子に頼んだらひどく心配されて、退院したら同居しようと提案されました。

 でも、あなたは気が進まないのね。

 はい。ありがたいことではあるんですけど……。夫に先立たれて10年以上、ひとりの気ままな生活が長かったから、息子家族とはいえ、一緒に暮らすことに躊躇しています。友人からは「贅沢な悩みよ、一緒に住んだほうがいい」と言われるんですけど、そうなんでしょうか？

 あなたがそうしたいのであれば、ひとりでいいと思うわよ。贅沢だと思っているのはお友だちでしょ。**お友だちの意見はあなたの意見じゃない**わよ。それからね、自分の意見でもないのに同居を始めたりすると、かえってストレスで「うつ状態」に陥ってしまう場合もあるの。

 そんな大ごとになることがあるんですか？

 生活の大きな変化が高齢者のうつのきっかけになることって案外多いの。だからね、あなたがひとり暮らしでいいと思うなら断ればいいの。息子さんだって、同居する理由はあなたと「一緒に住みたい」から、じゃなくて「心配だから」でしょ。**お互いが一緒にいたいワケじゃ**

ないんだから、一緒に住む必要はないじゃない。それって、誰も得しないと思うのよ。アテクシ、お互いがいらない忖度をするから話がややこしくなると思ってるわ！

 たしかにそうですね。

 大体ね、**死ぬ時は誰だってひとり**なの。あなたはこれまでうまくやってきたわけだし、ひとり暮らしでも心配することはないわ。むしろ、孤独に慣れていていいのかもしれないわよ。

 それはそうですね。先生のお話を聞いて気が楽になりました。息子と話してみます。

Tomy's 10秒アドバイス

孤独は悪いことじゃない。時にストレスを消してくれる

孤独って悪いことじゃないとアテクシは思うの。自分の好きな環境にできるし、のびのび過ごせるし、誰に責任をとってもらう必要もないわ。それって素敵じゃない？**ポジティブに孤独を考えてみたらどうかしら**。それにね、死ぬ時は誰だってひとりよ。誰も一緒に死んでくれないでしょ。そう考えたら、孤独も悪くないとアテクシは思うの。

CASE

11

健康食品やサプリをすすめられ迷惑。相手を傷つけず断る方法は?

遠方に住んでいる娘から、体にいいという健康食品やサプリメントなどがどっさり届きます。ありがたいけど、私はそういったものにまったく興味がなく、もらっても開封すらせず、家の片隅に山積みにしています。正直、迷惑なんですが、娘が私のためにと送ってくれているので捨てるわけにもいかず……。どんどん増えてしまって困ってます。どうすればいいでしょう?

 まあまあ、ほんとにありがた迷惑な感じですね。

 そうなんですよ。電話でいろいろ説明されるけど、正直、興味がないですし、効果も疑わしいし、そんなものに頼ってまで長生きしたくないので真面目に聞いていません。

 電話もあるのね、これまた面倒ね。

 はい。私のためを思って、娘がいいと思うものをすすめてくれているのはわかるんですけどね。素直に言うことを聞いたほうがいいでしょうか?

 いや、言うこと聞く必要ないでしょ。**はっきり「いらない」って断りましょう!**

いいんですか?

 いいに決まってます。あなたは興味もないし、いらないんですよね。だったら断固として断るべきよ。**モノを送りつけられたら開封せずに放っておく。**で、娘さんが来た時に「あげる」って渡しちゃうの。もし増えすぎて捨てたとしても、感想を聞かれた時に「捨てた」と伝えましょう。ここまでやると、さすがに娘さんもバカバカしくなって買わなくなると思うわよ。

 そこまでやっていいんでしょうか?

 もちろんです。アテクシ、**相手のためを思って受け取るとか、そういう忖度は一切しません。「あなたのため」というのは、本当は「自分のため」だと思ってますから。**

 そう聞いてほっとしました。

 相手に合わせるのは迎合です。自分に関することは、相手に迎合しないようにしましょうね。試しに、娘さんに「いらない」ってはっきり断ってみたらどうかしら。意外となるようになると思うわよ。

 そうかもしれませんね。

 相手に迎合すると、自分がストレスをためていくことになるわ。そうすると逆に関係が破綻しやすくなります。**いい関係を続けるためにも、自分の意思はハッキリ伝え**

ましょうね。

 わかりました。

Tomy's 10秒アドバイス

自分のことは忖度も迎合もしない。気持ちを正直に伝えること

忖度とは「相手の気持ちを考慮する」こと、迎合は「自分の考えを曲げて他人に調子を合わせる」こと。どちらも一時的には人間関係をスムーズにするのかもしれないけど、アテクシはおすすめしないわ。だって、どちらも**自分の気持ちを置き去りにしがちだから**。イヤなことはイヤと正直に伝えたほうが、健全な人間関係が築けるとアテクシは思うの。

Part 2

Tomyの
お悩み相談

〈恋愛編〉

相談といえば、恋愛ごと。「彼氏がプロポーズしてくれないの〜」なんて、端からはのろけているだけのように見えるお悩みでも、当人は真剣そのもの。アテクシもきちんと答えさせていただきます。恋愛関係で大切なのは、どちらか一方が我慢し続けるような関係にならないようにすること。自分が嬉しかったら相手も嬉しい、それが健全な恋愛のゴール地点と心得て。

1

まだ結婚したくないのに、彼女からの「結婚して」プレッシャーがツライ

同い年の彼女と付き合って5年になります。彼女は20代のうちに結婚したいらしく、最近、「結婚したい」というプレッシャーを強く感じます。ただ、自分としては正直、結婚はまだしたくありません。それなのに、彼女からのプレッシャーは強くなる一方で、とても悩んでいます。長年付き合っているし、そろそろプロポーズをしないとダメなんでしょうか?

こんにちは。これはよくあるお悩みよね。結婚したくない理由はどうしてかしら?

そうですね。情けないかもしれませんが、給料は安いし、仕事もしんどいし、結婚したくても余裕がない、というのが正直なところです。

なるほどねえ。今おいくつ?

28歳です。

まあ、男性としてはまだまだ落ち着かない年齢かもね。ところで彼女はいくつなの?

同い年です。

 そうすると彼女の気持ちもわかるのよね。女性は結婚を意識する頃ですもの。

 適齢期もわかるけど、自分が結婚したいタイミングで、と思う自分は無責任なんでしょうか？

 そんなことないわ！　そうね、あなたのお悩みへの答えは、ズバリ**「結婚は自分がしたいと思った時でOK！」**よ。

 やはりそうなんですね、ほっとしました。最近、彼女からのプレッシャーに応えられない自分がダメなのかと憂うつになってたんです。

 プレッシャーって具体的にはどんなことかしら？

 そうですね。たとえば、話してる時に、友人が結婚するとか、友人に子どもが生まれたとか、周りの人の結婚ネタを盛り込んでくるんです。あと、**彼女の部屋に結婚情報誌が置いてあったのを見た時は、かなりげんなりしました。**

 彼女もかなり追い詰められてるみたいね。

 ときどき、あきらめて結婚したほうがいいのかな、とか思ってしまうんです。今すぐにというわけではありませ

んが、いずれはプロポーズしても……という思いもあり
ますし。

 プロポーズって、「これからの人生を一緒に歩んでいき
ましょう」という宣言みたいなものよね。それなりの常
悟がないとできないというのはとてもよくわかるわよ。

 そうなんですよ。いろいろ考えると、なかなか思い切り
がつかなくて……。

 何も考えてないわけじゃないものね。むしろ考えている
から慎重になるところもあると思うし。そんな時に彼女
から要求されたり、プレッシャーをかけられたりしたら、
げんなりしてやる気がなくなるのは当然よ。アテクシは、
「プロポーズは自由意志を尊重すべき」 と常々思ってる
わ。

 そう言っていただけてほっとしました。

 せっつかれてプロポーズすると、媚びた感じになるのも
良くないと思うの。**結婚は人生をともに歩むためのスタ
ートなんだから、健全な関係性でないとね。**

 その健全な関係性というのは、具体的にはどういう関係
ですか?

 そうね。シンプルに言えば、**相手が喜んでいたら自分も
嬉しい、自分が嬉しいと相手も嬉しい。お互いがお互い**

を満たし合う関係性のことね。

それはたしかに理想的ですね。

相手を喜ばせるために、あなたががまんしてプロポーズするのは健全じゃないでしょ。**どちらかががまんする状態がずっと続くとお互いに傷つくことになる**わ。それを避けるためにも、自分のタイミングでプロポーズするのがとても大事なのよ。

ありがとうございます。彼女のために、自分の気持ちは押し殺したほうがいいのかな、なんて思うこともあったんですけど……。がまんして相手に合わせるのはかえってお互いのためにならないということですね。

そう。ただね、今が適齢期だと思い込んでいる女性と付き合っている場合は、女性が焦っていることもわかってあげましょうね。あんまり待たせすぎるとサヨナラされるかもよ。

それはたしかに。あんまり慎重になりすぎてもよくないですね。彼女と別れたいわけではないので、よく考えて話し合ってみます。

健全な関係性とは「自分の心も相手の心も満たせる関係」

相手も自分も嬉しい、これが健全な関係性。相手のためにと、どちらかががまんしたり相手に迎合したりするような関係は不健全よ。ちょっとしたがまんも積もり積もると大きな傷になるから、初めが肝心よ！

CASE

2

彼氏に結婚話を振ってもごまかされる。本当に結婚する気あるの?

もうすぐ30歳です。できれば20代のうちに結婚したいと思ってます。いま付き合っている彼氏がプロポーズしてくれたらいいのに……、と希望を抱いているのですが、なかなかプロポーズしてくれません。彼氏がプロポーズしたくなるような、これぞというアイデアがあれば教えてください。

 結婚はとても重要なお悩みよね。

 そうなんです。私、30歳までには結婚したくて……。タイムリミットが迫っているんです。彼氏がプロポーズしたくなる秘策はないでしょうか?

 そうねえ。いま彼氏とのデートはどんな感じなの?

 付き合って5年になるので、お互いの家で過ごすことが多いです。どちらかと言えば、彼が私の家に来ることが多いですね。

 あなたが結婚したがってること、彼氏は気づいてる?

多分……。というか、気づいてもらいたくていろいろがんばってます。

 そうなのね。具体的にはどんなことしてるのかしら？

 そうですね。手料理には力を入れてますし、掃除や洗濯だってちゃんとして、彼が居心地よく過ごせるよう気を配ってます。

 すごい、頑張ってるわね。

 あと、それだけじゃ弱いと思って、友人の結婚式に出た話や、友人に赤ちゃんが生まれた話をしたり、写真を見せたりしてます。

 そ、それは……。

 ただ、これだと彼氏の反応がなくて。もっとわかりやすく伝えなきゃ、と思ってて。最近は**彼が来る時に結婚情報誌を見えるところに置いたりしてます**。さすがにここまですればわかると思ってたんですけど、彼氏がプロポーズしてくれそうな気配がまったくないんです!!

 ちょ、ちょっと待って！　最初の家事云々はともかく、その後にやってることは大反対よ！　そんなことしてたら、**プロポーズどころか別れちゃうリスクすらある**わよ。

 えっっっ、どういうことですか？

いいこと、プロポーズは人生でもすごく大きな決断だから、いつかはしようと思ってたとしても、相手からせっつかれると、その気がなくなったり構えてしまったりするものなのよ。

そんなあ……。

あなたみたいに小出しでほのめかしをするのは特にダメ。**ちょっとずつ急かされると、男性は試されてるように感じてどんどんイヤになっていく**の。最後の結婚情報誌なんてドン引きしてると思うわよ。

だって、わかりやすいじゃないですか。CMではカップルが幸せそうに読んでますよ。

それは結婚が決まったあとに見ているからでしょ。プロポーズ後の幸せいっぱいのふたりと、まだプロポーズされてないあなたと彼氏とじゃまったく違うから！

ダメなんですね……。

こういう相談、多いんだけど、**結婚を女性からせっつくと別れることが多い**のよ。そういうことを何も漂わせない人、たとえば、長年付き合って歳も歳なのに、何も言わずに支え合っているパートナーとかだと、男性からプロポーズしたくなるものなのよね。

じゃあ、私は待つしかないんですか？

そうね。今の彼氏とどうしても結婚したいのであれば、待ったほうがいいわ。ただ、男性のなかには「彼女のままでいい」「できれば結婚したくない」という人もいるので、そこは注意したほうがいいわね。

私だって誰でもいいから結婚したいわけではないんです。ただ、籍も入れずにダラダラ付き合うのがイヤなんです。

あなたがそういう考えなら、**見切りをつけるという選択もある**のよ。そうね、「別れる」くらいの覚悟があるのなら、女性側から結婚の話をしてもいいと思うわ。

別れる覚悟……。

世の中には結論を出さない、出したくないというタイプの男性もいるの。内縁の妻、なんとなくの彼女でもいいならそのままでいいけど、それがイヤならはっきりさせたほうがいいんじゃないかしら。**結婚することが目的なら、早く別れて結婚してくれる別の人を探すほうがいい**とアテクシは思うわ。

結婚をしたいのか、結婚しなくても彼と一緒にいたいのか……。彼のことは好きだけど、私は結婚がしたいです。

であれば、彼氏にはっきり言ったほうがいいわね。ただ、小出しにプレッシャーをかけるんじゃなくて、はっきり伝えるの。「あなたは私と結婚する気はないように思うの。でも、私は結婚したい。あなたがどうしても結婚し

たくないんだったら別れたほうがいいと思っている」と
かね。

 かなりはっきり、きっぱりですね……。

 そうよ。なんとなく急かすのではなく、それまでおくび
にも出さず、**ここぞという時に切り出す**のよ。

 なるほど。

 ここまで言われたら彼もちゃんと考えるでしょ。あなた
のことを大事に思ってるなら、あなたの「結婚したい」
という思いに応えてくれるんじゃないかしら。それでも
結婚したくないと言われたら、**お互いの考えがずれてい
るんだから、別れて結婚できる人を探したほうがいい**と
思うわよ。結婚するなら「大事にしてくれる人」を選ん
だほうがいいし。

 そうですね。

 あなたにとっては「結婚したい」が大事なことなんだか
ら、そこに誠実に対応してくれるかどうかを見極めまし
ょう。ただし、伝え方には気をつけてね！

 はい！　自分の気持ちがはっきりしました。彼ときちん
と話してみます。ありがとうございます。

結婚を意識したら
「大事にしてくれるかどうか」が
最大の決め手

大事にするって、言葉で「愛してる」って言ってくれたり、甘やかしてくれたりすることじゃないと思うの。誠実に対応してくれるかどうかよね。「結婚したい」という思いを伝えたら、「結婚しよう」と言うかもしれないし、もしかしたら「自分は結婚したくない。君が結婚したいなら別れたほうがいい」と答えるかもしれない。それってふたりの関係次第よ。でも、**いちばんよくないのは「いつか結婚するよ」ってダラダラ付き合うこと。これって誠実じゃない**わよね。

CASE

3 同棲している彼女の束縛がキツすぎて、仕事にも支障が出そうです

最近、付き合っている彼女と同棲を始めました。一緒にいられる時間を増やし、仲良く過ごすためだったのですが、実際にはケンカが増えてギクシャクしています。いちばん困っているのは、仕事関係の付き合いに対して文句を言われることです。彼女の希望はできるだけ叶えてあげたいですが、仕事の付き合いにまで口を出されるとキツいです。どうすればいいでしょう?

 どれくらいのお付き合いなの?

 半年くらいです。

 半年で同棲ってちょっと早くないかしら。何か理由があったの?

 お互い仕事が忙しくてなかなか会えないので、同棲すれば一緒にいる時間が増えるねって話したのがきっかけです。あと、ちょうど自分の住んでたマンションが更新時期だったというのもあります。

 なるほど。そういう事情があったのね。ところで、どんな時にケンカになるのかしら?

97

仕事の付き合いで宴席に参加することが多いのですが、部下や取引先に女性もいるんです。もともといい顔はされてなかったのですが、最近は**「女性のいる飲み会に行かないでほしい」**とお願いされて困ってます。

 それは仕事にも差し障りがあるわねえ。

 そうなんです。彼女の希望はできるだけ叶えてあげたいと思っているのですが、これについては厳しくて。正直、仕事での付き合いは避けられません。自分はすぐに謝るほうなんですけど、いちいち説明するのも面倒になってきて……。別れたほうがいいのかな、と思ったりもしてます。

 まずは話し合いをしましょう。**自分がしんどいと思っていることを、相手にちゃんと伝える**の。それを伝える前に別れるのはどうかと思うわ。お互いに言いたいことも言えないなんて、付き合ってる意味がないじゃない。

 根本的な価値観が違いすぎるような気がしています。言ってもわかってもらえないんじゃないかと、気が進まないんです。

 価値観が違うって安易に決めつけるのはダメよ。相手がどう思うか、どんな反応をするかは、言ってみないとわからないじゃない。**自分の意見を伝えることができないなら、その人との付き合いを続けるのは難しい**わよ。もちろん、言いやすい相手、言いにくい相手がいるのはわ

かるわ、でも、言いたいことを言えない関係はとても不健全よ。

 言わないと伝わらない……。

 言う前から伝えられないと決めつけるのではなく、一回伝えようとして、それが受け入れられなかった時に、それをちゃんと言ってから別れるというやりかたもあるでしょ。まずは自分自身に「相手に自分の意見を伝える」ことができるのか、自分に人と付き合う資質があるかどうかを確認しないといけないわ。

 人と付き合う資質ですか？

Tomy's 10秒アドバイス

「価値観の違い」は思考停止フレーズ。安易に決めつけちゃダメ

価値観は人それぞれ。まったく同じ人なんていないと思っていたほうがいいわ。でもその**「価値観の違い」を安易に持ち出すと、そこで思考停止しちゃうわよ**。一緒にいたいなら、お互いに言いたいことを言って、お互いが納得できるルールをつくりましょ。

そう。誰かと付き合う時に、すべてが自分の思い通りになることはまずないわ。そんな時は、**話し合って落としどころを探す**の。これはお付き合いの必須マナーよ。

妥協点を見つけるってことでしょうか?

妥協っていう言いかたはあんまり好きじゃないけど、そんな感じかしら。まずは自分の違和感を伝えることから始めてみましょうね。それができないってことは、そこまで深入りしない付き合いってことだとアテクシは思うの。

同じことを話してて、何度も繰り返しケンカになる場合でも落としどころは探せますか?

それは**行動パターンが変わっていないからケンカがなくならない**のよ。そういう場合は、ケンカを日常的なものとして受け入れるか、相手に変わってもらうために自分の行動を変えるかしかないわね。

自分の行動を変えるんですか?

そう。**相手に変わって欲しい時は、まず自分が変わったほうがいい**の。

彼女が望む通りにするってことでしょうか?

そうじゃないわ。ケンカしないように、お互いが納得できるルールをつくればいいのよ!

ルール……。

 そう。そもそも、一緒に住む時には、ルールを決めておいたほうがいいの。お互いが納得するためには、両方が少しずつ歩み寄る必要が出てくるでしょ。**自分が変わっても一緒にいたい、とお互いが思っていれば、それぞれが変わっていい関係を築くことができる**はず。それができない場合は、どちらか、もしくは両方が、ちょっと自分勝手なんだとアテクシは思うの。

 なるほど。

 まず整理してみましょ。彼女はあなたが外で飲むことがすべてイヤなのかしら？

 ……最初はそうでもなかったような気がします。友だちと飲みに行ったりしてましたし。

 彼女が最初に怒った時のことは覚えてる？

 えっと、たしか……、部下の女性とふたりで飲みに行った時ですね。

 それは事前に伝えてた？

 部下と飲みに行くことは言ってましたが、相手が女性でふたりきりだった、というのは家に帰って聞かれた時に言いました。そしたらいきなり機嫌が悪くなったんです。

たしか、すごく遅くなって、終電を逃しちゃったから、それも怒られました。

 それは彼女の気持ちもわかるわねえ。

 どうしてですか?

 仕事でのお付き合いだとしても、「こういう人と飲みに行って、これくらいの時間までには帰るから」ときちんと伝えておくことは大事だと思うの。あなたの場合、誰と、何時まで、というのが抜けてたのがよくないわね。あと終電逃すなんてダメでしょ!

 やましいことがないから詳しく言わなかっただけなんですけど。ちゃんとタクシーで帰りましたし。

 あなたはそう思うかもしれないけど、彼女は不安に思ったんじゃないの? だから帰ってから「誰と」行ったのか聞かれたんだろうし、部下とはいえ女性とふたりきりだったって聞いて怒ったんじゃないかしら。

 言われてみれば、そうかもしれません。

 アテクシは、付き合っているのなら、**相手が不安に感じないように説明する義務がある**と思うの。自分の行動が相手に不安を与えるのであれば、不安に感じないような行動をとればいいのよ。

それは、部下であっても女性とふたりきりでは飲みに行かない、とかですか？

それができるのなら、そうすればいいと思うわよ。

すべてとなると難しいですね。

であれば、人数を増やすとかして、異性とふたりきりにならないようにすればいいじゃない。

たしかに、異性とふたりきりというのは誤解を招きやすいのかもしれません。私の会社はその辺りのことはおおらかというか、食事や飲み会の頻度が多いので、あまり気にしていませんでした。彼女はそうじゃないってことですよね。反省します。

そうね。こういうすれ違いってあると思うの。だからこそ、ルールを決めることが大切なのよね。一緒に住み始める時は特に。ここで**彼女とふたりでルールを決めてみたら**どうかしら？　そうすればケンカも減ると思うわよ。

わかりました。話し合ってみます。これで彼女の嫉妬や束縛が軽くなったらいいんですけど。

それなんだけど。今回の件は、そもそも「嫉妬や束縛」が原因じゃないからね。

どういうことですか？

彼女の嫉妬や束縛が酷くなるのは、あなたが不安にさせる行動をとるからなの。たとえば、連絡がつかなくなることが多いとか、事後報告が多いとか、詳しく話してくれないとか。

言われてみれば全部思い当たります……。飲んでる時は、彼女から連絡来ててもスルーしちゃうことがよくありますし。

そんな時に、帰ってから「職場の女の子とふたりきりで飲んでた」なんて言われたらどう思う？　そりゃあ不安にもなるわよね。要は不安にさせるような言動をふだんからしているから、嫉妬や束縛がどんどん酷くなるのよ。

……。彼女に怒られるのもしょうがないのかなと思ってきました。ただ、言い訳になるかもしれないんですけど、本当にやましい気持ちはないんです。あと、彼女だって飲みに出るけど、自分は快く送り出してますし。

出た！　いるのよねー。自分は嫉妬も束縛もしないから別にいいだろうっていう人。でもね、それは間違い。**自分がいいから相手もいいだろう、じゃなくて、相手を不安にさせないためのやりかたを考えましょう。**じゃないといつまでも彼女の嫉妬も束縛もなくならないし、むしろ酷くなるわよ。

相手を不安にさせない、ですか。

そう、それが大事なの。行っていいかダメかの選択ではなくて、不安にさせないためのルールを考えるの。さっき言ったような、飲みに行く時は「誰と何時まで飲むか」をきちんと伝えるもそうだし、異性とはふたりきりで飲まないもそうよね。どうしてもの場合は、事前に「今日は部下の女の子から相談あるから遅くなるけどいい？」と確認するとか。ふつうはこれくらいすれば納得するでしょ。

納得してくれればいいんですが……。

それでも納得しない場合はよく話し合ったほうがいいわよ。もしかしたら、責める側にやましいことがあるのかもしれないし。

それってどういう意味ですか？

ふつう、付き合っているんだったら、相手に不愉快な思いをさせていいとは思わないはずなの。そこまで彼女が束縛するのは、何かしら不安があるからだと思うの。**その不安は、もしかしたら、あなたじゃなくて、自分にそんな経験があるからかもしれない**わよね。その場合はあなたがどれだけ説明しても、納得できないかもしれないわ。いずれにせよ、彼女とよく話し合って、ルールを作ることから始めてみない？

そうですね。嫉妬や束縛が不安からと聞くと納得しましたし、これまでのことも反省しました。彼女と話し合っ

てみます。

 そうね。あともうひとつ。ケンカってそんなに悪いこと じゃないのよ。**仲直りすればいい**んだから、むしろ、仲 良くしたい相手じゃないと、ケンカする価値がないわよ。 お互い、言いたいことを言い合いましょうね。

 はい。ありがとうございます！

仲良くしたい
相手じゃなきゃ、
ケンカする価値なしよ！

ケンカって人間関係ではそれほど深刻なことではないの。 お互い好きならケンカしても仲直りするし、お互いキラ イならケンカしなくても仲は悪いもの。大事なのはちゃ んと言いたいことを言える関係かどうかってこと。

CASE

4

元カレがしつこくて困ってます。 きっぱり関係を切る方法は?

1年前に彼氏と別れました。でも、なぜか別れた相手からいまだに連絡があるんです。食事に誘われることもあります。別れを切り出したのは向こうからなのに、何がしたいのかさっぱりわかりません。職場が同じでときどき顔を合わせるので、友人として付き合いたいとか思っているんでしょうか?　正直、私は別れた相手とは連絡取りたくないし、会いたくないので迷惑しています。どうすればいいでしょう。

 これ、これもよくあるお悩みよね。あなたの気持ち、よーくわかるわ!

 わかっていただけますか!　嬉しいです。私、本当に困ってるんです。

 この答えはとてもシンプルなんだけど……。元彼からはどんな感じで連絡があるの?

 職場が同じなので、ときどき顔を合わせるんですけど、親しげに声をかけてくるんです。まずそれがイヤで。あと、LINEにちょこちょこ連絡がくるのもうっとうしいです。

いるのよねー。別れてもふつうに連絡してくる元彼って。

別れたいって言ったのは元彼のほうなのに。私はそれなりにショックだったんですよ。なのにいまさらまた連絡してきて……。相手が何を考えているのかわからなくて、顔を合わせるたびにイライラしてしまいます。私としては、過去は忘れて新しい彼氏を見つけたいんです。

まずね、こういうことはよくあるの。別れた相手でも連絡を取るのはふつうと思っている人と、別れたら一切連絡を取りたくない、顔も見たくない、どんなささいなことでもイヤ、という人がいるの。

私は後者ですね。

アテクシもそうよ！　元彼の連絡なんていらないわ。新しい彼氏がいたら、携帯を壊したくなるくらいイライラすることもあるわよね。

わかりますー。私もそれくらいイライラしてます！　元彼と顔を合わせるたびに気分が悪くなります。仕事に影響するのでどうにかしたいのですが、気持ちの切り替えかたを教えてください。

まずね、「連絡してほしくない」「連絡をもらうのは私にとってストレスになる」という自分の気持ちを、相手にきちんと説明するの。

すでに、何回も、しています！

 そうなのね。じゃあ、次の段階よ！　**相手からの連絡をシャットアウトする**の。

 いいんでしょうか……。同じ職場なので、さすがにそこまでするとやりすぎかなと思ってました。

 だから、**オフィシャルの場じはちゃんと対応して、「プライベートでは連絡してこないで！」ときっぱり伝える**の。仕事以外では連絡取らなくていいでしょ？

 たしかにそうですね。ただ、相手を怒らせたいわけではないので。角の立たない言いかたはあるんでしょうか？

 ケンカを売るのではなく、冷静に伝えるの。たとえば、**「私は別れた彼氏とは連絡を取らないスタンスです。なので連絡は一切してほしくないです」**ってね。

 それはすでに伝えてあるんですよね。

 もう一度、きちんと伝えるの。でね、おそらくその元彼はまた連絡してくると思うの。そうしたら、**「どうやらわかっていただけないようですので、ブロックさせていただきます」**って返すの。

 なるほど。

でね、それに対して**相手がどう思っているかとか、返事を聞く必要はないの。**

 そこまできっぱりでいいんですね。

 いいのよ！　アテクシも含めあなたみたいなタイプは、こういう人とつながっているだけでストレスになるの。自分を守るためにも、ブロックをおすすめします！

 もう、ここで元彼にLINEを送ります！

 善は急げよ。すぐやりましょ。元彼に限らず、**別れた男が連絡してくる時って「あわよくば」という思いが絶対にあると**思うの。こっちにその気持ちが一切ないとイラっとするわよね。こういう場合、完全に方向性が違うので話し合えないわ。話してダメなら、ブロックもありよ。

心を穏やかに保つ原則は「関わらない」こと

ブロックすることは気持ちのいいことじゃないというのはわかるけど、それは相手がある程度ルールをわきまえている場合よね。**説明してもわかってもらえないのなら、ブロックして関係を断つほうがいいわ。**

CASE

5

どうすればモテるように
なりますか?

彼女が欲しくて、雑誌やYouTubeで調べてモテるためにできることをいろいろとやっています。でも、理想の自分と現実の自分がまったく違っていることにいつもがっかりしてしまいます。見た目や話しかたしゃべりなど、こうありたいという自分に近づけるために、どうすればいいのか悩んでます。

若いわね。あなたは学生さんかしら？　理想の自分って具体的にはどんなイメージなの？

はい、大学1年生です。受験も終わったし、彼女が欲しくて。どうすればモテるのかなって考えたら、やっぱり背が高くて、勉強もできて、スポーツ万能なほうがいいですよね。あと、しゃべりがうまければ人気者になれるのかな、なんて思ってます！

ちょっと……、まあ言いたいことはいろいろとあるんだけど、まず、どうにもならないことは考えないようにしましょうね。たとえば、「背が高い」は自分では頑張りようがないわよね。でもね、背が高くなくたっていいじゃない。モテモテは目指せるわよ！

そこを教えてください！

 あなたの期待する答えじゃないかもだけど、勉強は努力すればいいわよね。運動神経がそれほどよくなくても、筋トレなどで体を引き締めることはできるわ。人としゃべることが苦手でも、優しければ人気者になれると思うわよ。自分の持ってるものを活かして、やれそうなことからやってみたらどうかしら？

 勉強……、スポーツ……、どれもがんばらないとダメそうですね。成績はそれほどよくないし、根性もないので自信がないです。こんな自分は、モテたいと思っちゃダメなんですかね。

 何言ってるの、極端ね！　**あのね、真面目に生きて、清潔感があって、相手を思いやれる優しさがあれば、大抵の人は付き合う相手は見つかる**から。安心しなさい。

 なんか、想像よりふつうのことばかりです。女子に「つまらない男……」とか思われたら最悪じゃないですか。

 その**ふつうのことが大事**なの！　なに、あなた「危険な男が好き」とかいう女子に好かれたいワケ？

 いえ、そういうわけじゃないんですけど。

アテクシの場合は、髪の毛がボサボサで手入れしていなかったり、髭が伸び放題だったり、シワシワのシャツを着てるとか、清潔感がないのがダメね。これ、意外と気にしてない人が多いんじゃないかしら？

ファッションにも自信がないです。

あなた、またあさっての方向で考えてない？　ふつうに理髪店や美容室に行って、洗濯してきれいにアイロンをかけている洋服を着てれば十分なの。流行の最先端を行っているようなファッションじゃなくていいのよ。だいたい、そういうのは着る人を選ぶから、あなたには向いてないわ。ごくごくふつうの服装でいいのよ。

ほんとに、ふつうでいいんですか？

あなたは、特別な存在じゃないとモテないと思ってるのね。そんなことないわよ。ふつうのことができれば十分だから。**もしあなたがモテないんだとしたら、ふつうのことができてない**のよ。よーく考えてみて。

なるほど……。ふつうのことって大事なんですね。たしかに、シャツにアイロンなんてかけたことないですし、Tシャツもシワシワのまま着てました。まずはそこから変えてみます。

でしょ。ふつうって案外できてないことがあるものよ。服装がシャキッとすれば、見た目の印象も変わるから。

ありがとうございます。まずは洗濯とアイロンがけですね。

 その気になったついでに、美容室に行って髪もサッパリしてきたら？　笑顔も忘れずにね。

 髪型は中学生の頃からずっとこれだったんですが、思いきってイメージチェンジしてみます。

 できそうにないことや遠い理想を無理して追いかけるよりも、**できることからひとつずつ、そしてできることは何でもやってみる**。これが大切よ。

Tomy's 10秒アドバイス

理想は身の丈に
合ったもので十分

いろんな生き方があるのに、理想が高すぎたら、達成できるものもできなくなるわ。そうなると、常に自分を認められなくて、劣等感に悩まされてしまうことになっちゃうわよ。**自分の素材を活かした理想を抱いて、まずはそれを目指しましょう。**

Part 3

Tomyの
お悩み相談

〈仕事＆職場編〉

最近、特に多いのがお仕事に関するお悩みね。長いこと景気が低迷していて企業に元気がないし、求められるコンプライアンスも年々厳しくなる一方。そこで働くに人たちにも余裕がなくなってきているのね。新型コロナ禍で働き方のスタイルも大きく変わったし、ストレスは相当なものだと思うわ。でも、こんなときだからこそ、自分の心のケアをしっかりしてあげましょう。

断りベタで仕事を押し付けられる。
抱え込みすぎて身動きが取れません

同僚に比べて上司から頼まれる仕事量が多いように感じます。いきなり指示されることも多く、気がついたら自分ができる量を超えてしまっていて……。仕事が重なってしまってうまくさばけず、期日までにできなくて迷惑をかけてしまうこともありますし、自分の仕事も思うように進められません。どうすればいいんでしょう？

まずはどうして頼まれごとが多くなるのかを考えてみましょうね。仕事はどんな感じで頼まれるのかしら。同じ人からたくさんなのか、それともいろいろな人から頼まれるの？

同じ人じゃなくて、いろんな人からいろんなことを頼まれます。自分の仕事もあるうえに、頼まれごとが多いから、途中で何からやればいいかわからなくなっちゃうんです。

そうなのね。ちなみに、仕事を引き受ける時に、どんなふうに返事してるのかしら？

それは……。上司からの頼みだから、「わかりました」って言うしかないですよね。

う——ん。もうズバリ言っちゃうわね。**あなた、「断れない人」なのよ。断れないから仕事を抱え込みすぎてグニャグニャになる**んだと思うわ。

たしかに、断るなんて考えたことありません。でも、私が断ると誰かがやらないといけなくなるし……。そう思うと断れないんです。それに、**自分の能力が足りないからできないと上司に思われるのも不安で、つい引き受けてしまう**んです。

よく考えて。今のあなたはなんでも引き受けて、期日を過ぎてもできないことがあるんでしょ？ それっていいことではないわよね。なら、できそうにない仕事、スケジュール的に無理な仕事については断ったほうがいいんじゃない？

そうはいっても、指名されてお願いされると自分がやらなきゃって思ってしまうんです。

きっとあなたは何ごとも一生懸命にやるタイプなのね。だからみんなが頼りにするのかも。でもね、**一生懸命やってもダメなときはダメ**なの。先のことを考えてもしょうがないから、まず今の状態をよくすることを考えたほうがいいわ。

今の状況……はよくないですね、たしかに。

断れなくてなんでもかんでも引き受けていたら、そのうち潰れてもっと仕事ができなくなっちゃうわよ。

 それは困ります。今でさえキャパオーバーでギリギリなんです。

 そうよね、そんな感じがするわ。実は、こんなふうに言ってるアテクシも、お仕事をいっぱい引き受けてしまって後悔したことがあるから、最近は上手に断らなきゃ、と思ってるの。

 先生もそうなんですか!?

 そうよー。誰にでもありがちなんじゃないかしら。

 ただ、断るのって難しいですよね。

 そうね。でも、断れない理由を考えると、そんなに難しく考えなくてもよくなるわよ。

 断れないことに理由があるんですか?

 だって世の中にはストレスなく断れる人だっているでしょ。会社にもいない?

 それはそうですね。同僚や部下には、うまく断っている人がたしかにいます。上司もそういう人には仕事を頼んでいません。

そこなのよね。**「あなたに頼めば断られない」と周りの人に思われているから仕事が増える**、ということもあるのよ。

 そんなふうに考えたことありませんでした。

 そもそも**断れない人**は、「人に嫌われたくない」とか、「先のことを考えると不安」とか、いろいろ考えてしまって、自分の意思でものごとを決められない傾向があるの。

 ああ……。それよくわかります。私、**できませんって言うのが怖い**んです。できない自分がダメな感じがして。

 断ってもダメじゃないのよ。むしろ、断れなくて仕事をため込むほうがダメだと思わない？

 それはそうですね……。

 できないものをどうにかする時の強行策は**「全部断る！」**「**最初にNOと言う！」**というのがシンプルなんだけど、さすがにそれは無理よね。

 おっしゃる通りです。ただでさえ断れない私にはとても無理です。

そんな時は、「今は忙しくて難しい状況です」というふうに自分の状況を伝えて、ペンディングにしましょ。**最初に「忙しくて難しい（だからできない）」という言い訳をする**の。

そんな答えでいいんですか？　仕事を頼まれた時の返事なんて、「YES」しかないと思ってました。

それは思い込みだから！　仕事を引き受けるかどうかを自分が決められる場合は、「今のペースだと一生懸命やっても、これくらいかかります。それでもよろしければ（引き受けます）」とか、もっとはっきり「ですので今はちょっとお引き受けできません」って言ってもいいの。**自分の気持ちでさじ加減を決めるといいわ。**

自分のできそうなペースを伝えるのであれば言えそうです。「お引き受けできません」は、私には言えないかな……。あと、自分で決められないことも多いですし。

そんな時は判断を相手にまかせればいいのよ。**大事なのは最初に△（サンカク）で返事すること**なの。

△の返事ってどういう意味ですか？

それはね、いまほかの仕事もたてこんでいてスケジュールがいっぱいなので、頑張りますけど難しいかもしれませんと伝えるの。これだったら○（マル）でも×（バツ）でもない、△でしょ。

○でも×でもない返事なんて考えたこともありませんでした。

バリエーションもあるわよ。たとえば、○か×かを自分で決められる場合は、「△だけど、これは興味があるからやりたいです」って返事をしたら、相手にありがたがってもらえるんじゃないかしら。

すごい、モノはいいようですね。

これは嘘にならない、自分がラクになるハッタリよ！

目からウロコが落ちました。それなら私にもできそうです。

でしょ。断りベタな人にありがちなんだけど、お願いされた時に「OKです」「はい喜んで」と即答しちゃうの。

私、まさしくそんな感じです。

これは、**頼まれた時に相手に嫌な思いをされると不安で怖いから**、つい言っちゃうの。

そうですね。

でもね、最初に◎って言っちゃったのに、あとで実は×でした（できません）とか、△でした（難しいです）って言うと、相手はすごく嫌な気持ちになっちゃうものよ。

あ——。それもわかります。

 相手にいい顔をしたくて◎で即答したのに、結局できないとなった時には、相手からの評価は下がる一方でしょうね。

 いろんな意味で大間違いですね。

 あなたみたいに断れなくて仕事を抱え込んで自分を追い込む人は、そのよくない例をやっちゃってるの。

 耳が痛いです……。

 最初に◎の返事をすると、自分ですごく厳しい条件を設けたことになるのよね。ダメだった時に「あれだけいい返事しておいて」という雰囲気になりやすいし。これって、自分で課題を大きくしているきついハッタリよ。

 まさに今の私です……。

 まずは△で返事をする習慣をつけるだけで、今の状況はずいぶんよくなるんじゃないかしら。

 とてもよくわかりました。×じゃなくて△だったら言いやすいです。早速やってみます！

迷った時は「△」の返事

△で返事するメリットは、**いきなり×というよりも相手がイヤな気分にならないこと**ね。あとで×だったとしても、やっぱダメだったな、と思うだけだし、○になれば「△だったのに、意外に良かった」と喜んでもらえるの。最初に即答で◎っていうより、ずっといい結果を生むわよ。

在宅ワークでプライベートの区切りができずダラダラ仕事をしてしまう

コロナ禍以降、在宅ワークが増えたのですが、ダラダラ仕事をしてしまって、思うように仕事がはかどりません。通勤時間が減ったので、そのぶん仕事ができるはずが、むしろ、これまでより時間がかかってしまってるんです。付き合いの飲み会などが減ったから、仕事にかける時間はあるのですが、1日中仕事ばかりしているように感じて、なんだか疲れてしまいます。

これは最近、多いお悩みかもね。仕事はどんな感じでやってるのかしら？

水曜日に定例会議に出席する以外は、ほぼテレワークです。水曜以外は、どうしても必要な時だけ会社に出勤しています。

テレワークでは、具体的に仕事をする時間は決まってるの？

はい。基本的には出勤している時と同じで、勤務時間は朝9時から夕方6時まで。昼の休憩は1時間です。

一般的な勤務時間ね。ダラダラ仕事をしてしまうというのは、具体的にどんな感じなのかしら？

基本的には、朝9時までにパソコンにログインして、仕事が終わったらログアウトします。

 仕事が終わるのは何時くらいなの？

 大体、夕方6時から7時くらいには、いったん仕事を終わらせて、食事することにしてます。

 メリハリがあっていいじゃない。

 ただですね、食事が終わってから、仕事のことが気になってメールをチェックしたりするんです。そこで、急ぎの連絡が入ったりすると、そこからまた仕事しちゃったりするんですよね。

 あら、そしたら6時、7時に仕事は終わってないことになるわね。

 そうなんです。常にパソコンの前に座って仕事をしているわけではありませんが、メールのやり取りをしたり書類を作ったりすることもあり、そうするとけっこう遅くまで作業をしているので、翌日の午前中は仕事がはかどらなくて、ログインしててもボーッとしているなんてことが多々あります。

 まさしくダラダラと仕事をしてるわね。

仕事とプライベートの境目がないんです。もちろん仕事ばかりじゃなくて、仕事してる時に、ついYouTubeを見ちゃったりすることもありますし。よくないとは思うんですけど……。

 たしかにいい状態ではないわね。テレワークになる前からダラダラと仕事をしてたのかしら?

 今までは出勤していたから、会社にいる間はちゃんと仕事に集中していました。YouTubeだって会社ではさすがに見てません。コロナ禍前は、退社後にメールチェックすることもなかったです。こんなふうにダラダラ仕事してしまうのは、在宅ワークになってからです。

 とりあえず、今いちばん困っていることは何かしら?

 以前はすぐにできてた仕事なのに、なぜか時間がかかりすぎるようになってしまったことです。たとえば、これまでだったらその日の夕方までにはアップできていた仕事が、最近だとその日の夜とか、翌日の朝とかまでかかってしまうことが多くなりました。

 もともとはちゃんとスケジュールを守れてたのよね?在宅ワークになってからできなくなっちゃったのかしら。

 はい。もともと予定を決めて、それをひとつずつクリアしていくタイプでしたから。

ほかに悩んでることはありますか？

朝起きるのが遅くなってしまってします。**通勤する必要が
ないから、ギリギリまで寝てしまう**んですよね。それこ
そパジャマでログインだけすることもよくあります。

ほんとに**仕事とプライベートの区別がなくなっちゃって
る**わね。よくないわー。

そうですよね。自分でもまずいとは思ってるんですけど、
なかなか改められなくて。

だんだん見えてきたわ。ようするに、あなたはスケジュ
ーリングがヘタなんじゃなくて、**切り分けすることがヘ
タ**なのよ。

切り分け……、ですか？

そう。あなたの場合は、仕事とプライベートの切り分け
ができてないの。YouTube見るのはプライベートな時間
にすることだし、メールチェックするのは勤務時間内に
することよね。なのに、実際には全く逆のことをしてる
でしょ。

言われてみれば、たしかにそうですね。

**切り分けで大事なのは、時間を決めることと場所を切り
離すこと**なの。通勤していた時は、場所が離れているし、

通勤時間もあったから、自然と切り分けができてたんでしょうね。在宅ワークで会社に行く必要がなくなったから、切り分けがうまくできなくなったんじゃないかしら。

なるほど……。**満員電車の通勤は正直イヤでしたが、プライベートと仕事を切り分ける役割があった**んですね。

そうなのよ。テレワークだと「通勤」という切り分けは使えないわ。そんな時には、まず**仕事をしない時間を決めましょう！**

えっっっ。いや、仕事が予定通り進んでない時に仕事をしない時間をとるなんて、そんなこと考えられません。

あのね。ダラダラ仕事しててもいいことはないの。そもそも、**仕事がはかどらないのは、脳が疲れてしまって仕事の効率がグンと落ちちゃってるから**。アテクシも本業の診察をやりながら、書き物をバリバリしていた頃があったんだけど、体調を崩しちゃったのよ。

先生にもそんなことが……。

だから、今は書き物をするのは帰宅後の1時間だけと決めてるの。**どんなに〆切が迫っていても書かない時間を設けてる**わ。時間をたくさん使っても、はかどらなくてうだうだするだけだもの。そのかわり、1時間は集中してやります。時間を決めるだけで全然違うわよ。

理屈はわかるんですけど、やることが残ってるのにやらないのは不安です。今日これをやっておけば、とがんばっちゃうんですよね。

それ、よくないわー。むしろ自分を傷つけているわよ。**不安で動くと無駄な動きが増えちゃうの。そして、無駄な動きは生産性がないから仕事の効率が下がる**わ。それでさらに疲れることになるんだから、いいことなしよ。

なんか、悪循環ですね。でも、ダラダラ仕事してる自分はまさしくそんな感じです。

まず、この悪循環を断ち切る練習をしましょ。仕事の効率を上げることを考えるの。

具体的にどうすればいいんでしょう？

まず、**仕事をしない時間を決めて、自分のなかで仕事とプライベートを切り分ける**の。プライベートの時間は仕事のことは忘れて、何も考えない時間にしたほうがいいわ。仕事の悩みを持ち越さないようにすることが大事よ。

仕事をしない時間をつくる……。思いもよりませんでした。

仕事が残ってたとしても、仕事をしない時間になったらきっぱりやめるの。どうしても不安が消えないのであれば、**翌日しないといけないことをリスト化する**といいわ。

できなかったら、予定を守らずに翌日にずれてもいいってことですか？

 もちろん予定は守ったほうがいいわよ。でも、不安にかられて効率が悪い状態で仕事するくらいだったら、**開き直って休むって決めたほうが、仕事は絶対にはかどる**から。

 そう言われても、仕事ができてない罪悪感があると、休めそうにありません。

 あなたは休みベタでもあるのね。**罪悪感があるのは、何かから逃げるように休むから**だと思うわ。それはたしかにあまりいい休み方ではないわよね。逃げるために休むとだるくなったり、不安になったりして、休みがエンドレスになっちゃうこともあるから。

 できればそれは避けたいです。

 そうじゃなくて、余裕があるうちに「休むこと」を考えるの。仕事の状況を考えて、休みの出口を決めて積極的に休むの。**効率よく仕事をするためのポジティブな休み**よ。休んだって、ほとんどのことはなるようになるから大丈夫よ。

 積極的なお休み……。そのお休みは１日とか数時間とか、短期間でもいいんですか？

もちろん。毎日の仕事を少し早めに終わらせるだけで、脳の疲れはずいぶん違うと思うわよ。そうね、早く切り上げるために、**明日することを書き出して、明確にしておくと不安が少しは収まる**んじゃないかしら。

Tomy's 10秒アドバイス

不安がらなくてもいい。人はやれることしかできないんだから

不安がある時は「どうなっても受け入れる」と開き直るほうがうまくいくわ。自信なんかなくてもいいの、ヤケクソでもOK。なぜなら、**人はやれることしかできないから。むやみに先のことを考えて不安がらないようにしましょうね。**

さっきの「翌日することリスト」ですね。

そう。リストをつくっておいて、朝起きてから、**クリアするごとにリストを消していく**の。リストがすべて終わったら、夏休みの宿題を終わらせた子どものようにスッキリした気分になるわよ。仕事がはかどったら不安もなくなってぐっすり眠れるし、翌日はスッキリ目覚めて午前中からバリバリ働けるし、いいことばかりよね。

たしかにそうですね。

だいたいね、そんな悪循環を続けてたら、そのうち眠れなくなっちゃうわよ。寝る直前まで仕事をしてたら、寝ようとしてもなかなか寝付けないんじゃない？

はい。最近、寝る時間がどんどん遅くなってます。

仕事している時の頭は、一生懸命働いて興奮しているから、すぐには眠れないわよ。そうね。**遅くとも寝る1時間前は何もしない時間を持ちましょう。「今日はここまで」と決めちゃって「自分で自分を残業させないようにすること」が大事**よ。切り分けすることとメリハリをつけることをまずやりましょ。

時間以外にもメリハリってありますか？

あるわよ。**脳の機能が落ちていると感じたら切り上げて休んだほうがいい**んだけど、これは経験から学ぶしかないわね。

脳の機能が落ちるってどんな感じですか？

簡単に言えば脳が疲れて情報が処理できなっている状態のことよ。頭が働かなくなって、**PCのように脳がフリーズした時は、思い切って仕事をやめたほうがいい**わ。慣れてくるとフリーズする前に「これ以上しないほうがいいな」とわかってくるから。

う──ん、具体的にどんな感じか、ちょっと想像しづらいです。

たとえば、アテクシは脳が疲れてる時はしゃべるスピードが落ちてくるの。患者さんと話す機会が多いから、そう感じるのかもしれないわね。あなたの場合だと、パソコンの入力ミスが多くなるとか、目がかすむとか、あるんじゃない？

そうですね。それはあります。

そんな時は休憩するの。アテクシの場合は電気を消して部屋を真っ暗にして瞑想したり、お手洗い休憩したりするわね。5分くらいかしら。これくらい休憩したって仕事に支障はないでしょう。むしろ、**休憩せずに仕事を続けるほうが効率は下がる**わよ。

なるほど……。よくわかりました。

その感覚が身につけられるとメリハリがつけやすいし、スケジューリングもうまくできるようになるわよ。**休憩も含めて、意識して仕事をしない時間をつくることが、効率よく仕事をするコツ**なの！

ところで、仕事をしない時間には何をすればいいんですか？　夜とか、時間を持て余しちゃいそうです。で、また仕事のことを考えてしまいそうだし。

しない時間に何かをするという発想はいいわね。そうねえ、選択肢をいくつか用意しておきましょう。たとえば、散歩するとか入浴剤を入れて長湯を楽しむとかストレッチをするとか。ヨガもいいわよ。**やりたいことがない時は、ゴロゴロ転がっててもいいの**。なかなかできないんだけどね。

たしかにそうですね。

アテクシがすすめるなら散歩かしら。職種にもよるけど、現代社会は頭を使って体を動かさない仕事が多いわよね。頭を使いすぎてる人が多いように感じるわ。そんな人は体を動かしたほうがいいの。仕事をしない時間、たとえば昼休みとか仕事が終わってから体を動かすと、暇な時間ができないし、意識をボーッとできるから頭を休めることになるし一石二鳥ね。

昼休みの散歩はいい気分転換になりそうです。テレワークだと家に引きこもりがちだし。

アテクシ、コロナ禍の前から気分転換によく散歩してるわ。こんなとこにおしゃれな喫茶店がある、とか、小川が流れていていい感じ、とか、この家に住んでみたい、とか、どうでもいいことを考えられてとってもいいわよ。あなたもどうかしら？

疲れたら散歩、やってみます。あとは、**「仕事しない時間」を決めること**、ですね。こちらも早速決めて、やっ

郵 便 は が き

1 0 1 - 0 0 0 3

東京都千代田区一ツ橋2-4-3
光文恒産ビル2F

(株)飛鳥新社　出版部　読者カード係行

フリガナ		性別　男・女
ご氏名		年齢　　　歳

フリガナ

ご住所〒

　　　　　　　　　　　TEL　　　　（　　　　　）

お買い上げの書籍タイトル

ご職業　1.会社員　2.公務員　3.学生　4.自営業　5.教員　6.自由業
　　　　7.主婦　8.その他（　　　　　　　　　　　　　）

お買い上げのショップ名　　　　　　所在地

このたびは飛鳥新社の本をご購入いただきありがとうございます。今後の出版物の参考にさせていただきますので、以下の質問にお答え下さい。ご協力よろしくお願いいたします。

■この本を最初に何でお知りになりましたか
　1.新聞広告（　　　　　　　　新聞）
　2.webサイトやSNSを見て（サイト名　　　　　　　　　　　　　　　）
　3.新聞・雑誌の紹介記事を読んで（紙・誌名　　　　　　　　　　　）
　4.TV・ラジオで　5.書店で実物を見て　6.知人にすすめられて
　　　　　　　　　　　　　　　　　　　　　　　　　　　　　　　）
　7.その他（

■この本をお買い求めになった動機は何ですか
　1.テーマに興味があったので　2.タイトルに惹かれて
　3.装丁・帯に惹かれて　4.著者に惹かれて
　5.広告・書評に惹かれて　6.その他（

■本書へのご意見・ご感想をお聞かせ下さい

■いまあなたが興味を持たれているテーマや人物をお教え下さい

※あなたのご意見・ご感想を新聞・雑誌広告や小社ホームページ上で
1.掲載してもよい　2.掲載しては困る　3.匿名ならよい

ホームページURL http://www.asukashinsha.co.jp

てみます。

 煮詰まった時には「やること」じゃなくて、「やらないこと」を考えてみて。疲れた脳にはリフレッシュが必要よ！

はかどらない時ほど「仕事をしない時間」を作る

忙しい時には疲れがたまりがち。そんな時は、脳が疲れて仕事の効率も下がっているものよ。脳が疲れているかどうかを判断するには、自分の気持ちや状態で判断しましょ。普段なら気にならないことでイライラしやすくなったり、パソコンの入力ミスが増えたりした時は、脳が疲れているサイン。そうならないよう、計画的に「仕事をしない」時間を作りましょう。

CASE

3

叱ることができず部下に舐められてます。言うことも聞いてもらえません

自分自身がおとなしい性格ということもあるのかもしれませんが、部下に舐められているように感じます。キツく言ったほうがいいのはわかっていますが、パワハラに取られたらどうしようという不安もあり、強く叱ることができません。ただ、部下の態度がどんどん大きくなってきていて、チームの雰囲気が悪くなっているのも感じています。どうすればいいでしょう？

こんにちは。部下との関係に悩んでるんですね？

はい。私自身がおとなしい性格なので、部下にはっきりとものを言うことができないんです。逆に部下はものおじせず自分の意見を言うタイプで、私のことを軽くみているように感じます。

具体的にはどんな感じなのかしら？

そうですね、まず私の指示を守りません。それを指摘すると、高圧的な態度で自分の意見を主張します。ここでガツンと言えばいいのですが、私自身が争いを好まない性格なこともあって何も言えません。

部下は男性？　女性？　年齢は？

 20代後半の男性です。仕事にも慣れてきて、自分のやりかたを通したいんだと思います。

 そうねえ。そんな時期もあるわよね。

 今、私は6人ほどのプロジェクトチームを管理しているのですが　その部下のせいで雰囲気がギスギスしてしまってるんです。

 その部下はみんなの前であなたに反論したり、反抗的な態度をとったりするの？

 そうなんです。私も性格がこんななので、強く叱ることができなくて。

 あのね、あなたは部下が言うことを聞かないからと言ってるけど、これはね、**叱れないあなたがいけない**のよ。

 私がですか？

 あなたの部下なんだから、言うことを聞かない時には叱らなきゃ。それはあなたの仕事でしょ。部下が上司の指示を聞かないなんて、チームとしておかしいわよ。そこは、キッパリあなたが言わないといけないことなの。自分がおとなしい性格なんて言い訳にならないから。**これはあなたの仕事、あなたがやらなければいけない義務**よ。

それはそうなんですけど……。私も最初からこうだったわけではないんです。何度か叱ったのに言うことを聞かないから、あきらめてしまったんです。

叱って言うことを聞かない場合は、記録にとってあなたの上司に報告するの。まず、メモでもいいから目の前で記録をとって、「いまあなたは私の指示を聞きませんでしたね」「記録をとらせてもらいます」と指摘するの。

メモをとることで何か違ってくるんですか？　それに、急にメモをとるだなんて言ったら相手も変に思いませんか？

どうせ、あなたの言うことを無視している部下でしょ、気にしてどうするの。人は「記録をとる」と伝えるだけでもひるむものよ。**単なる口頭だけのやりとりじゃなくすることがポイント**よ。

なるほど。

人って、感情的になった時じゃなく、後で冷静になった時のほうが客観的に考えられたり、反省できたりするものなの。だから記録にとることが大事。こうすれば、逆にあなたが言いすぎてパワハラだと訴えられるリスクも回避できるわ。

わかりました。

記録すると、物事を客観的に考えられる

イライラしたり感情的になったりするのは、だいたいが瞬発的なものなの。**後で感情的になった自分の言葉や態度に申し訳なくなることも多いもの。**そうすると、こんなことはやめなきゃと思ったり、申し訳ないという気持ちがわいてくるのよね。だから、記録をとることがとても大事なの。

あと、厳しい言いかたをするかもしれないけど、**部下は言うことを聞いていないけれど、あなたも言うべきことを言えていない**わよね。言わないから相手がどんどん図に乗ってくるの。

あまり頻繁に叱ると、グループの雰囲気が悪くなるんじゃないかと心配で。

空気が悪くなることを気にしちゃダメよ。特に管理する側の人間は。だって、そう思って放置した結果、空気が悪くなってるでしょ。

たしかにそうですね。

それもしかたないと思うわよ。そんな状況だと、ほかの部下は「なんであいつのわがままは通るんだ」「なんでリーダーは叱れないんだ」と不満を抱くでしょうし、指示系統がめちゃくちゃになるわよね。

そう言えば、ほかの部下もあからさまではないですが、素直に言うことを聞いてもらえなくなってきたように感じます。

それは、**言うことを聞かない部下を許しているのがおかしいからよ。**部下が高圧的になるのは、あなたが媚びへつらっているから。**性格がおとなしいというのは言い訳でしかない**わね。

こびへつらってるつもりはないんですけど。そんなふうにとられるんですね。

あなたは言いたいことが言えてないんだから、媚びてると思われてもしょうがないわ。ちゃんと言うべきことを言ったほうが部下も従うし、そうならなくても、言うことを聞かない部下が浮いてきて居づらくなるから。あなたがやるべきことは毅然と振る舞う、それしかないわ。

人と口論したり、争ったりするのが苦手なんですけど、部下の管理はそれとは別の話ですよね。強く言うのは苦手ですが、さっきの先生のように、記録して、部下の態度が改まらない場合は、私の上司に相談することにします。ちゃんと言えるかちょっと不安なんですけど。

本当にできないのであれば、管理者を降りるっていう選択もあると思うわよ、アテクシは。**管理者は管理することが仕事なんだから、管理できないんだったらその立場を降りたほうがいいじゃない。**「自分には向かないのでやめさせてください」って自己申告するのもアリよね。

 さすがにそれはできません。それなら、部下に指導するほうが現実的です。

 そうね、それがあなたのやるべきことだしね。がんばって！

Tomy's 10秒アドバイス

大切なのは「どう思われたいか」より「どうすべきか」

あなたがどう思われるかは、周りが決めること。それはあなたのやったことで決まるわ。よかれと思ってやっていてもうまくいかない時は、「どう思われたいか」を一切考えずに、自分に求められている役割から、自分がやるべきこと「どうすべきか」を考えたほうがスムーズに進むわよ。

異動先の上司とウマが合いません。
仕事のモチベーションも下がっています

昨年、職場の配置転換が決まり、別部署に異動となりました。仕事内容はそれほど変わらないのですが、直属の上司が私とまったくタイプが違うため、仕事がやりにくくてしょうがないんです。私に対する上司の評価もいいとは言えず、正直、仕事へのモチベーションが下がってしまっています。どう対応すればいいでしょうか？

 異動はビジネスパーソンにはつきものよね。前の上司とはどうだったの？

 前の上司とは上手くやれてました。

 今の上司と上手くいかないと感じるのはどういうところかしら？

 どちらかというと私は計画を立てて慎重にこなすタイプなのですが、上司はなんというか行き当たりばったりな印象です。仕事が粗いというか雑というか……。

 あなたとはまったくタイプが違うのね。

はい。なんとか上手くやろうと気を遣ったつもりですが、今の上司に変わってから、人事評価が下がってしまいました。このままだとストレスがたまる一方だし、転職も考えています。

 そうねえ。行動を変えるためには転職するのも選択肢のひとつよ。ただ、転職はそう簡単にできないでしょうから、**文句を言われない程度に仕事を適当にやるっていう方法もある**わね。

 仕事の手を抜くってことですか？

 こう考えてみたらどうかしら？　**がんばって評価されないと感じるのであれば、仕事を適当にやれば人事評価通りって考える**の。そうすれば「私はこれくらいしかやらないから、評価もこれくらいだよね」と思えるでしょ。

 理屈はそうかもしれませんけど、サボってるみたいでなんとなく抵抗があります。

 その気持ちもわかるわ。じゃあ、どうして人事評価が下がったのか、上司に聞いてみましょう。

 人事評価が下がった理由……。

 まず、自分の評価が下がっていることを甘んじて受け入れるの。でもね、それは上司の評価だから。ほかの人だとそうじゃないかもしれない。あなたがダメってことじ

ゃないのよ。

 上司の評価がすべてではない、ということでしょうか?

 そう。**まずは上司があなたに対してどう感じているかを知る**の。そして、**どうすれば自分の評価が上がるのかを聞く**のよ。そうすれば、その人のあなたに対する評価は絶対に上がるとアテクシは思うわ。

 聞くだけで評価が上がるんですか?

 聞くってことは、自分のやりかたを見直したい、行動を改めたいと思っているってことだもの。あと、大事なことは、聞く時に記録をとることね。

 録音するとかですか?

 いきなりそんなことしたら、ケンカを売ってるととられかねないわ。そうじゃなくて、**記録してることがわかるように目の前でメモを取るだけでいい**の。

 メモを取ることに意味があるんですか?

 そうよ。メモを取るだけで、単に聞いてるのとは違ってくるから試してみて。

 わかりました。

それと、これは心にとめておいてほしいんだけど、**周りから見るとまったくできてないのに、自分ではできてるつもりになっていることも少なくない**からね。

どういう意味ですか？

上司の話を聞いてみると、**自分では問題だと思ってないことが原因だったりすることがある**の。たとえば、仕事はきちんとできているけど、上司に対して敬語が使えてないよね、とか、いくら慎重でもこれをやるのに３か月もかけてるのはおかしいでしょ、とか、あなたが気が付いていない、上司にとっては問題だと感じることがあるのかもしれないわ。

なるほど……。

まずは、上司があなたに対してどう思っているのかを聞いたうえで、その内容に納得いかないと思うのであれば、そして、仕事の出来栄えを正当に評価してもらえていないと思うのであれば、転職を考えてもいいんじゃないかしら。

なるほど……。とは言っても、異動したばかりで転職というのも、あまりいい考えではないような気がして……。

もちろん、今の会社で続けられればそれがいいわ。ただ、今みたいにグチを言って言葉にするだけで満足しているのは一番の問題よね。

言葉にしてるだけってどういう意味ですか?

 グチをこぼすのって、言語化することで何かした気分になるけれど、現実は変わってないでしょ? それは、あなたが変わらないから、同じことを繰り返してるってことなの。それって同じところでグルグル迷っているようなものよ。そういう人、意外と多いけどね。

 今の言葉は胸にグサッと刺さりました……。たしかにグチを言うだけじゃ何も変わりませんね。

 現状を変えたいならまず行動しなきゃ! それがさっきの「評価が下がった理由を上司に聞く」「人事評価の通り、仕事を適当にやる」「転職する」とかね。**何かアクションを起こせば、それに伴って現実も変わってくる**はずよ。

 そうですね。まずは評価が下がった理由を上司に聞いてみます。もしかしたら自分が気づいていないことを指摘されるかもしれませんし。

 そうね。それがいいと思うわ。あと、もし納得できなかったとしても、**「職場の悩みは職場限定」って思えば、気が楽になるし、不満も減る**わよ。仕事って人生の一部だもの。職場を離れれば考えなくてもいいじゃない。それに、その上司だってずっと一緒ってわけじゃないでしょ。どちらかが異動したら関係もなくなるわ。一時的なものだと思えば、過ごしやすくなるんじゃないかしら?

たしかにそうですね。評価が下がったことにショックを受けてたんですけど、大したことないと思えるようになりました。ありがとうございます！

職場の悩みは職場限定！他に持ち出さない

これを覚えておくといいわよ。職場の悩みは期間限定だし場所も限定。永遠に続くものじゃないわ。限られた時間だし、上司は仕事上の付き合い、存在にすぎないの。**あなたを悩ませる上司も部下も同僚も、職場という場所を離れれば存在しない。**その程度のものよ。帰ったら忘れていいの。いざとなれば職場を変えればいいわ。逃げ道があると思えば気がラクでしょ。

調子のいい時と悪い時の落差が大きすぎて、仕事に支障が出ています

昔からなんですけど、調子がいい時と悪い時の落差が激しくて、仕事にムラがあることに悩んでいます。調子がいい時は、「なんでもこい」くらいの気分でふだんの倍くらい動けるんですけど、調子が悪い時は朝起きるのもおっくうになるくらい落ち込んじゃって、まったく使い物になりません。どうすれば調子のいい状態を保てますか？

調子がいい時と悪い時、具体的にどんな感じなのかしら？

まず調子がいい時は何をやってもうまくいく感じです。忙しくても遊ぶ元気がありますし、休んでたらもったいない気がしてずっと動いてます。調子が悪い時はその真逆で、何をする気にもなれなくて……。休みの日は夕方まで布団から出られないこともあるくらいです。

すごく差が激しいのね。

そうなんです。調子がいい時はいいんですけど、悪い時に何にもできないから困っていて……。どうすればいいんでしょう？

あなたはあれね、**エネルギーの上下幅が大きい**の。これは感情の起伏が大きい人によくあることよ。こういうタイプは理由もなく動けない時があるものよ。

たしかにそうですね。気分の浮き沈みが激しいほうだと自分でも思います。

解決方法は**「元気な時にがんばらない」**ことよ！ 元気な時は、がんばるんじゃなくパワーを抑えぎみにして過ごすの。わかりやすく言うと、平均値に抑えるって感じかしら。

どういうことですか？ ふつうは調子がいい時にがんばりますよね？

それは大きな勘違いよ。あのね。**人間のエネルギーは常に一定なの。テンションが上がりすぎると、その反動で一気に落ちるのは自然なこと**なの。子どもはその傾向が強く出るわよね。久しぶりに親戚や友だちに会うと、最初ははしゃいで元気よく遊んでるけど、そのうち電池切れを起こしておとなしくなるか、いつの間にか寝ちゃってたりしない？

たしかに、姪っ子と遊ぶ時はそんな感じですね。それと同じってことですか？

まあ、そこまで極端じゃないと思うけど。あなたの場合は**調整力が足りないから、テンションが高い時にエネル**

ギーを使い果たして、脳がうまく機能しなくなっているんじゃないかしら。エネルギーを使いすぎた反動でその後にエネルギーが枯渇して、何もできなくなっちゃうんでしょうね。

言われてみればそうかもしれません。大きな仕事が終わると、しばらくはボーッとしちゃって使い物にならなくなります。

しばらく休むと、また上がるけど、動けるようになった時にがんばりすぎちゃうんじゃない？

先生のおっしゃる通りです。

すると、またその反動で長く落ち込むことになるわ。それを繰り返していると、調子がいい時と悪い時の波がだんだん大きくなって、バランスがうまくとれなくなってしまうのね。

そういえば、最近は回復するまでに時間がかかるようになったと、自分でも感じてました。

でしょ。それを防ぐためには、元気な時にちょっと余裕があるくらいに抑えるの。そうすると落ちた時のダメージが少なくてすむわ。

意外すぎてびっくりしました。てっきり調子がいい時はできるだけがんばって、調子が悪い時にどうにか工夫し

てがんばらないと、と思っていたんです。元気な時にやりすぎない、なんですね……。

元気なときにセーブするのは、慣れない間はちょっと大変かもしれないわね。でも、落ちて動けない時にがんばるよりはやりやすいはずよ。落ちた時に無理してがんばると、さらに落ちちゃうから……。

ただ、**調子が悪い時ほど、がんばってどうにかしなきゃ、とか思っちゃう**んですよね。

それがよくないのよ。自分の状態はいつも同じという前提で見ている人が多いのだけど、実際はそうじゃないの。飛行機が気流とかでグラグラ揺れるように、**私たちの心や体の状態もつねにゆらぎがある**の。自分の状態をモニタリングしていると、コロコロ変わっているのを感じられるようになるわ。

そうなんですね。調子が上がったり下がったりする自分がダメだと思っていたのですが、誰にでもあると聞いてほっとしました。

そうなの。そのゆらぎをどうコントロールするかを考えましょう。繰り返すけど、**大事なのは調子がいい時にやりすぎないこと**。これができるようになれば、調子がいい悪いに悩まされず、コンスタントに動けるようになるはずよ。

自分では想像もつかない解決方法でしたけど、ほっとしたし、すごく腑に落ちました。調子がいい時にがんばるクセがついてるので、すぐにできるかわかりませんが、これからは調子がいい時こそ要注意と思って、やりすぎないよう、セーブするようにします。

慣れないうちは戸惑うかもしれないけど、効率よく仕事をするためには、一定のペースを保つことが大事だから。短距離走じゃなくてマラソンくらいのペースを目指してみて！

調子がいい時ほど、あえてブレーキをかけましょう

仕事や勉強、趣味など、いくら楽しくてもやりすぎちゃダメよ。時にはブレーキをかけないと限界を超えてしまうわよ。全速力で走ったらすぐにバテちゃうでしょ。**人生はロングランなんだから、息切れしないくらいの、ジョギングみたいなペースを保つことが大事**なの。

CASE

6

転職したらブラック企業でした！
どうすればいいでしょうか？

40代で思い切って転職をしたのですが、面接で聞いていた業務と、まったく異なる内容の仕事をやらされています。サービス残業は当たり前、給与などの待遇も面接の時に聞いた条件と違っていて、どうやら俗に言うブラック企業だったようです。転職したことを後悔していますが、転職を繰り返すことにも抵抗があり、とても悩んでいます。どうすればいいでしょうか？

 これもありがちなのよねえ。今回の転職について、正直、どう思ってますか？

 はっきり言えば、これなら前の職場のほうがよかったと後悔しています。とはいえ、もう元の職場にも戻れません。いろいろつらいです。

 前の職場に戻れそうなら戻るのがいいけど、それはさすがに難しいということね。だったら思い切って、違う会社を探したほうがいいかもしれないわ。

 そうは言っても、そんなにすぐにやめるのもどうかと思うんです。職を転々としていると思われるのも避けたいですし。

じゃあ、今の状況を改善するために、できることから試してみましょう。そうね、まずは、**「面接で聞いている業務と違うんですけど」、と聞いたほうがいい**わ。これは事実ですものね。

はい。それはもう聞きました。

なんて答えだったの?

募集をかけた時と、状況が変わったと説明されました。

そこは聞いてみたのね。

仕事内容については、そんなこともあるかと思えるんですけど、それよりしんどいのは、残業が多いことです。

具体的にどれくらい働いてるの?

面接の時は、始業時間は9時、定時は夕方6時、残業はあっても1～2時間程度と聞いてたんです。ところが、実際にはほとんどの人が夜9時を過ぎても会社に残っていて。自分の仕事が終わっていても、帰りにくい雰囲気があるんです。しかも、残業については裁量制なので、残業時間が増えたからといって給与が増えるわけではありません。

これまた日本の会社にありがちな感じねえ。そうね、まずは、自分の仕事が終わったらさっさと帰ってみれば。

転職したてなのに、そんなことしていいんでしょうか?

 やることやってれば、そうそうクビにはならないわ。

 やることやるのは必須ですよね。でもそうすると、それなりに残業もしないといけないですね……。

 そうね、仕事って、ちゃんと真面目にやろうとすると帰れないことが多いものよね。ただ、よく考えてみて、本当に帰れないのかしら? **明日でもいい仕事を無理してやってない?**

 そうかもしれません。**他の人が残っているからと、急ぎでない仕事をしてる**時もあります。

 それはよくないわー。**そもそも、仕事はがんばりすぎないほうがいいの。それに優秀な人は手抜きが上手**なものよ。毎日残業するなんて、勤務時間が長いだけで、かえって効率が落ちるとアテクシは思います。

 そう言っていただけると、少し気が楽になります。ただ、周囲からの自分の印象が悪くならないか、心配です。

 もし、ちゃんと仕事しているのにイチャモンをつけられたら、**記録をとって話し合えばいい**のよ。上司からネチネチ言われ始めたら、すかさず**「メモをとっていいですか」**ってね。記録してたら上司もそんな無茶なことは言わないものよ、ふつうはね。もしそれで悪質な嫌がらせ

を受けた場合は、最悪、やめればいいのよ。

そうなんですね。でも、仕事って頻繁に転職してもいいものなんでしょうか?

もちろん、仕事はコロコロ変えないほうがいいわ。転職は繰り返すほど条件が悪くなる場合もあるし、転職する前にちょっと粘ることは大事だと思うの。ただ、**仕事は絶対じゃないわ。身を守ることを優先したほうがいい時だってあるわ**。

それはそうですよね。

倒れたら仕事できないわよ。迷惑かけたくないから、と黙って無理するんじゃなくて、**時にはわがままを言ったほうがいい**のよ。

そうなんですね。転職して、ただでさえ慣れてない環境なのに、毎日残業続きなので、正直まいってたんです。

だったら、「今度変わるところはもっと悪いかもしれないけど、最悪、転職だってできる」って覚悟を決めて、キリのいい時に帰ってみればいいのよ。人生、**やり直しはいつだって、何度でもできるんだから。今の会社しか居場所がないわけじゃない**からね。転職はいつだってできる、そう思えばちょっと楽になるんじゃない?

そうですね。ただ、いざ覚悟を決めようとすると、自分ができてないんじゃないかと心配になってしまうんです。**どこに行っても自分は役立たずなんじゃないかと思ってしまう**んですよね。

別にできてなくてもいいの。本当にできてなければ、会社や上司から「やめろ」って言われることもあるんだから。それは別にして、アテクシはむしろ、**「自分に至らない点があるかも」と思える人は、どこに行っても大丈夫**だと思ってるの。その謙虚さがあれば、それほどひどい失敗やミスはしてないものよ。

そうなんでしょうか？

そうよ。もし、上司からダメと言われたとしても、それは相性が悪かっただけのことかもしれないでしょ。人と人もそうだし、**会社とだって相性があるから、そこでダメだったとしても、あなたがダメだとか、何もできないということではない**わ。

なんだか気が楽になりました。

それにね、そんな**心配をしている時点で、あなたは会社にとっては必要な人**なのよ。アテクシはスタッフを雇う側なんだけど、自信満々で「大丈夫ですから！」とか「前の会社では自分の実力を評価されなかった」とかいう人よりも「自分で大丈夫でしょうか？」っていう人を雇いたいわ。

すごく元気付けられました。ありがとうございます！

人生はやり直しの連続。
何度でもやり直しましょ

ゲームと違って「人生はやり直しができない」と思って
ない？　そんなことないわ。何度でもやり直せるから。
顔を洗って「**生まれ変わったと思って、明日からやり直
すさ**」ってつぶやいてみて。時間は戻せないけど、生き
かたは何度でも変えられるわ。

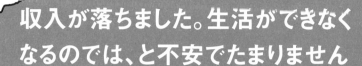

CASE

7

収入が落ちました。生活ができなくなるのでは、と不安でたまりません

コロナ禍以降、仕事をする環境が激変して収入がガクッと減りました。今のところは貯金を切り崩さなくて済んでいますが、これまでと同じような生活ができないんじゃないかと心配だし、将来が不安でたまりません。かといってこんな状況で転職するのは、リスクが大きくて踏ん切りがつきません。どう気持ちを保てばいいでしょうか？

 コロナ関連のお悩みは本当に増えたわ。自分ではどうしようもないことですものね。アテクシのところにも、コロナが影響している患者さんが増えてるのよ。

 仕事のやりかたや生活スタイルも大きく変わりましたし、またいつこんなことが起こるかわからない。正直、将来が不安でたまりません。

 そうね。つらいわよね。

 妻のほうがこれまでとあまり変わらず働けていて、収入が落ちていないのでまだ救われています。ただ、これ以上、妻の勤務時間を増やすのは難しいので、私の給料が減った分を補えてはいないんです。私も先行きがわから

なくて、今後、減ってしまった収入が元に戻るかまったくわかりません。不安でたまらないのですが、これをなくすにはどうすればいいんでしょうか？

 申し訳ないけど、相手は感染症だし、何とも言えないわね……。

 そんな……。

 あえて言うなら**「食べられないわけじゃないからまだ大丈夫」**ということくらいかしら。そう思えば気持ちが若干前向きになってちょっとマシにならない？

 いや、さすがにそんなふうには思えません。

 どうして？　今現在、住む所があって、毎日ごはんが食べられて、家族が一緒に暮らしていけてるんでしょ？

 でも、子どもの学費や私たち夫婦の老後資金とか、**将来のことを考えると不安**でたまりません。

 あのね、**先のことは誰にもわからないもの**よ。コロナ禍の前を思い出してみて？　オリンピック開催が決まったわ、景気はいいわ、インバウンドで観光客がたくさん来るわで、世の中は活気に満ちてたわよね。ところが、それから数か月で新型コロナウイルスが世界中に蔓延して、生活はそれまでとガラッと変わってしまったわ。正直、**誰もこんなことになると思ってなかった**と思うの。

それはそうですね。こんな状況は想像もしていませんでした。

今だって同じよ。1年後のことは誰にもわからないわ。今は景気が悪いかもしれないけど、もしかしたら思いもよらない出来事が起きて、来年は好景気になってるかもしれないじゃない。わからないんだから、**今起きてないことに対して心配しなくていい**のよ。大丈夫とは言えないけど、先がわからないことに対して悩んだり心配したりするのはナンセンスってことは間違いないと思うの。

理屈ではわかるんですけど……。でもやっぱり心配でたまりません。

アテクシは、死んじゃえばその瞬間に自分の意識はなくなると思ってるの。だから生きているうちは「死ぬこと」は起こり得ない。そうすると、死は怖くないわよ。起きていないことは、存在しない、こう考えたらどう？

それはそうなんですけど……。

先のことがわからなくて、不安になるのもわかるの。でも、不安や悩みの範疇であれば、ほとんどはなんとかなるものよ。**ぼちぼち行くとか、なるようになるっていう考えかたが大事**なんじゃないかしら。

そんなこと言っても、今よりもっとひどくなるかもしれないじゃないですか。

ちょっと！　思考停止状態に陥ってない？　あのね、**今あることがずっと続くと思うことが大間違い**よ。コロナじゃなくても、突然、大病が発覚して大金が必要になるかもしれないでしょ。逆に、ふとつぶやいたツイートがバズったり、人気YouTuberになったりするかもしれないじゃない。手先が器用だったら、何か作ってネット通販したら儲かったなんてこともありえるわ。

いや、さすがにYouTuberは無理ですし、特段、人より優れた特技もありません……。

YouTuberは言いすぎたけど、もしかしたら、思わぬところから声をかけられて新しい仕事の誘いがあるかもしれないじゃない。あなたは**今の状況とか会社とか、限られた範疇で物事を考えすぎている**ように感じるわ。

これまでコツコツ真面目にやってきたから、大きな夢も持てないし、一発逆転も信じられないんですよね。

たしかに今のような状況は、経験したことがないものね……。あのね、アテクシの父母はとってもたくましいの。いつも「何かあってもリアカー引いて何か売りに行けばどうにかなる」と言ってたわ。それって強いな、と尊敬してるわ。

先生のご両親、すごいですね。生命力がたくましくてうらやましいです。

まあ、アテクシたちとは生きている時代が違うし、同じ気持ちになるのは難しいでしょうね。でもね、なんとでもやりようはあるの。コロナ禍に関しては、これまでに経験がないことだから先行きが見えなくて、より不安になるのよ。

そうですね。先生と話してて少し不安が薄れてきたように思います。けど、不安は消えません。

あなたの場合、はっきり言っちゃうと、「心配しすぎ」「一喜一憂しすぎ」「先走って考えすぎ」なの。**将来のことを考えて不安になるんだったら、むしろ何も考えないほうがいい**わ。貯金だって多少はあるでしょう？　住むところがあって、食べるものがあって、元気でいられれば、なんとかなるものよ。

今は大丈夫だけど、ずっとそうとは限りませんよね。いつかどうにもならない時が来るかも。

その時が来たら、なんとかするために、どうにかなるようにって必死に考えるから、今心配しても意味ないわ。この瞬間を生きるためにできることをしていれば、大抵のことはどうにかなるものよ。

今の生活を維持したい、変えたくないと思うから不安や心配がつきないのかもしれませんね。

不安なのはあなただけじゃないわ。でも考えても不安が消えるわけじゃないんだから、はじめから出たとこ勝負くらいのほうが生きやすいわよ。

 考えてもしょうがないことは考えないことにします。少しだけ気がラクになりました。ありがとうございます。

見えない将来を不安がるより、ワンコやニャンコを見て和むほうが生産的

将来は今の積み重ね。**今をよりいいものにしていこうとすれば、将来はおのずといいものになる。**それしか言えないわ。ワンコやニャンコを見て和むのもいいかもね。彼らは将来のことなんて考えてないもの（多分ね）。「将来を考える」って一見いい言葉のようだけど、それは誰にもわからないこと。惑わされて今を無為に過ごすことにならないよう、注意しましょうね。

Part 4

Tomyの
お悩み相談

〈友人＆対人関係編〉

どこから友人なのかって、案外、難しい線引きよね。 こちらは親しいと思っていても、相手はそれほどだと思っていなかったり、その逆もあったり。 また、近しい相手だからこそ、どこまで踏み込んでいいのか、どこで遠慮すべきか、わからなくなるって人も多いんじゃないかしら。 対人関係がぎくしゃくすると、日常生活にも支障を来すことがあるから、適度な距離感を保ちつつ、丁寧なお付き合いを心がけましょう。

ささいなことで態度が変わる友人。 私が何か悪いことをしたの?

最近、友人から急に冷たくされています。以前は毎日のように連絡を取り合っていたのですが、このところ私から連絡しても返事がありません。私が何か彼女の気に触るようなことをしたんじゃないかと心配です。今度、顔を合わせる時に、どういうふうに対応すればいいでしょうか?

急に冷たくされるとつらいわよね。そのお友だちとはどれくらいのお付き合いなの?

知り合ったのはつい最近で、趣味のサークルで仲良くなった友人なんです。

じゃあ、お付き合いは浅いのね。

たしかに期間は短いです。ただ、毎日のようにやり取りしていたし、お互いの家に遊びに行ったりと、それなりに深く付き合ってたんです。

今はどんな感じなのかしら?

こちらから連絡しても返事がなくて。私が何かしたのかもと心配で、謝ったほうがいいのかと悩んでます。

まず大事なことを言うわね。**「絶対に謝ってはいけません！」**

そうなんですか!?

それから **「何か悪いことした？」** って聞いてもダメよ！

ええっっ！　でも、それだと今の状況から変わらないじゃないですか？

別にそれでいいじゃない。何も言わず突然冷たくするなんて、めんどくさい相手じゃない？　仲良くするに値しない人だとアテクシは思うわよ。ましてや、あなたにはその人を何か不快にさせたとか、怒らせたとか、特に心当たりはないんでしょ？

それはそうなんですけど、気が付いてないだけで、私が何かしたのかもしれませんし……。

そうね、仮にもしあなたが何かしたとしても、アテクシだったら「こういうことをされて困るんだけど」と伝えるわ。でね、そう言われてもあなたが行動を変えないというのなら、冷たくされてもしょうがないとは思うの。でも、**何も言わず、突然冷たくする行動には正当性を持たせられない**とアテクシは思うわよ。

たしかに、特に心当たりはありませんし、彼女から何か言われたこともありません。

 そうでしょ。あのね、気まぐれだったり、ささいなことを悪くとったりして、**自分の都合で機嫌が変わるめんどくさい人は、一定数いるの。そういう人に合わせていると振り回されるだけ**よ。

 そうなんでしょうか。なんとなく、**相手の機嫌が悪くなると、気が利かない私が悪いのかもしれない**って思っちゃうんですよね。

 そこまで気にする必要はないと思うわよ。だって、何も言われてないんだから。たまにいるのよね「あなたのせいでこうなった」「言わなくても察して」って人。それは単なる「わがまま」よ。まあ、もし何か言われてて、相手の言うことを聞かないのなら、あなたがわがままなのかもしれないけど、そうじゃないんでしょ?

 はい、心当たりがまったくないんです。ただ、私が謝ればおさまるのかな、なんて思っちゃうんですよね。謝ったらいけないのはどうしてですか?

 正当性がないのに謝ったら、相手に媚びることになるの。そうすると、さらに見くびられるし、下に見られて、もっと振り回されちゃうわよ。こんな時には、そのままフェードアウトすればいいの。

そうですか。せっかくできた友だちだったから残念です……。

 友人はその人だけじゃないでしょ？　もし今、親しい友人が近くにいないのなら、その人を忘れるために、ほかに友人を探したらどうかしら。めんどくさくない人だってちゃんといると思うわよ。

 引っ越ししてきたばかりだから、近くで気がねなく話せる人ができて安心だと思ってたんです。

 であれば、近くにいる「一緒にいて、ラクだな」と思う人と付き合えばいいのよ。そうすれば、めんどくさい人のことは自然に忘れていくから大丈夫！

 そうですね。ただ、今回の件で、新しい友人を探すのに少し不安があります。私にも何か悪い点やわがままなところがあったんじゃないかな、って。

 あのね。大事なことだからもう一回言うけど、今回のことはあなたのわがままなんかじゃありません。そのお友だちは自分の都合でやさしくしたり、冷たくしたりしてるだけ。無理して付き合っても振り回されるだけよ。

 そうなんでしょうか……。

 極端なことを言えば、アテクシは**「自分がわがままなのかも」と思わされる人とは、付き合わないほうがいいと**

思ってるわ。**付き合うのがラクな人は、問題があればきちんと言ってくれる**もの。

一緒にいてラクだから、なんて理由で友人を選んでもいいんでしょうか？

もちろん、いいに決まってるでしょ。めんどくさい人と付き合ってると、自分の考えもネガティブになって、人間の質が悪くなるとアテクシは思ってるわ。逆に、**付き合ってラクな人は、お互いが相手がラクになるよう思いやりを持っている**と思うの。だから、そういう人と付き合うほうが、相手も自分も人間の質が自然とよくなっていくのよね。

そういえば、彼女と会ったあとはなんとなくしんどかったんですよね。相性が悪かったってことなんですか？

そうだと思うわ。相性ってね、相手によって変わるものよ。**お互いに相手との関係をよくしようと配慮できるから相性がいい**の。もちろん、一緒にいて楽しくなければわざわざ合わせないでしょうから、元々の相性も関係してるかもしれないけどね。ただ、いろんな意味で、相性がいい人と付き合ったほうがいいとアテクシは思うわ。

相性って合わせるものなんですね。意外ですけど、そういえば私も友だちと一緒にいる時は、相手を楽しませよう、喜んでもらおうと相手に合わせてますね。

本当の友だちってそういうものよね。**気づいていないだけで、自然と相手に合わせたり、よくしてあげたりしてるもの**なの。そして、相手も同じようにしてくれるのは、その友だちもあなたと一緒にいて楽しいからよ。

 お互いにそう思える関係がベストですよね。

 そう！　はっきり言えば、**「この人とやりとりするとストレスがたまる」と思ったら、そのままフェードアウト**していいとアテクシは思うわ。

 そう考えると気がラクになりました。引っ越す前からの友だちもいるし、新しい友だちはのんびり探します。

> ## Tomy's 10秒アドバイス
>
> # いつも一緒にいるとか頻繁に連絡するのが、友だちってわけじゃない
>
> 離れていても会いたい時には予定を合わせて会ってくれたり、いつもは連絡とってなくても、何か困ったことがあったら話を聞いてくれて、助けてくれたり、そういう人が友だちよ。何より、**友だちになるんだったら一緒にいて楽しい人がいい**とアテクシは思うわ。

人見知りで公園デビューできず、ママ友ができるか不安

子どもが1歳になり、そろそろ公園デビューをと思っているのですが、もともと人見知りな性格で、知らない人に話しかけることができずうまくいきません。近所の幼稚園情報を教えてもらったり、子育ての情報交換をしたりするママ友ができればと思ってはいるのですが、自分にできるのかとても不安です。

 そうね、まず、うまくいかないことって具体的にどんな感じなのかしら？

 子どもと一緒に近所の公園に行ってみたんですけど、すでにいくつかのグループがあるみたいで。うまく話しかけられなくて、子どもが遊んでいる間、ひとりでポツンと見ている感じです。

 その間、お子さんはどうしてるの？

 私と一緒に遊んでいました。

 その時、公園にはどれくらいの人がいた？

そうですね。ブランコやすべり台などの遊具や砂場もあって、遊んでいる子どもは10人以上いたように思います。ママ友らしき人は、2〜3人のグループが3つほどあったと思います。

それなりに大きな公園なのね。その時はあなたはほかの人とまったくしゃべらなかったのね？

はい……。かなりの人見知りで、知らない人としゃべるのは、私にとってとてもハードルが高いんです。話しかけて相手にされなかったらどうしようとか、無視されたらどうしようとか、よくないことばかり考えて不安になるんです。

そんなふうに感じる原因が何かあった？

いいえ。むしろ、誰からも話しかけられないのですごくいたたまれなくて。こんなんじゃママ友なんてできない、どうすればいいんだろうと途方に暮れています。

正直、アテクシは**ママ友っていなくてもいいんじゃないかと思う**のよ。

そんな……。公園は子どもの大事な遊び場ですから、公園デビューは避けて通れません。ママ友だっていたほうがいいじゃないですか。

まあそういう意見もあるわよね。ただ、お子さんと公園に行く目的は「子どもを遊ばせること」なんだから、親のことは気にしないで、自分の子どもが喜んで遊んでいる様子を見てればいいんじゃないと思うんだけど。

そうでしょうか……。公園ではママ同士の交流も大切だと思い込んでいました。子どものためにも、私ががんばらないといけないって……。

公園は子どもの世界だから、無理して大人が人付き合いしなくてもいいと思うの。どうしてもという場合は子どもを介して話せばいいじゃない。交流しなきゃいけないと思うからストレスになるのよね。自分から積極的に話しかけなくてもいいんじゃないの?

それはそうなんですけど。私のせいで子どもがその公園で遊べなくなったらかわいそうで。

どうしてそんなふうに思うの?

ママ友のグループがいくつかあるようなんですけど、子どももそのグループごとに遊んでる感じがしたんです。私がそのグループに入れてないから、子どももひとりで遊んでるんです。

そのグループに入れないと、その公園で遊んじゃいけないのかしら?

それはないです。

じゃあ悩まなくてもいいじゃない！　だいたいね、公園デビューとか言うけど、社交会じゃないんだから別に仲よくする必要ないでしょ。その場でケンカせずに過ごせればいいの。**話しかけられた時に、ほほ笑んでうなずいていれば大抵のことは問題ない**と思うんだけど、違うかしら？

たしかに、それはそうなんですけど……。

あなたがラクになるためには、ひとりぼっちがダメ、という思い込みを手放す必要があるわね。**ひとりぼっちってそんなに悪いことでもない**のよ。自分で好きなように行動できるんだから。

そういうふうに考えると、知らない人に話しかけるより、ひとりでいたほうが、たしかに自分の気はラクです。ただ、仲間に入れないのは自分がダメなのかな、とも思います。

別にダメじゃないわよ。そういう時は**「自分に合わなかっただけ」**って考えましょ。そうすれば気持ちもラクになるんじゃない？

合わないだけ……。そういう考え方もあるんですね。たしかに、見た目の雰囲気も自分とまったく違うんです。それもあって、なかなか話しかけられなかったんです。

だったら、なおさら無理して話しかけなくてもいいじゃない。

それでいいんでしょうか?

人と関わるのが苦手な人はけっこういるものよ。そういう人は、無理してまで人と関わる必要はないとアテクシは思うの。もちろん、ツンツンしたり、ケンカを売ったりするのもナシよ。子どもを介して必要な時に自然な応対をすればいいって考えたらラクになるんじゃない?

それもそうですね。

ないとは思うけど、もし、**嫌われたり雰囲気が悪くなったと感じたりした時は、違う公園にいけばいい**のよ。公園なんてほかにもいっぱいあるでしょ。人のいない公園だってあるはずよ。そこだったら人と会わないから、こんな心配する必要なくなるもの。余計なストレスは抱えないようにしましょ。

先生と話してすごく気がラクになりました。**無理して社交的にならなくていい**んですね。教えていただいたこと、忘れないようにします!

Tomy's 10秒アドバイス

仲間は「入る」ものじゃない。
自分に合う人が"仲間"

人見知りで既存のグループに入れないと、疎外感を味わって、いじめられたと思ってしまうかもしれないけど、**単にそのグループに合わなかっただけ。合わない人と話**したって、お互い楽しくないんだから、仲間に入れなくても全く問題ございません。みんな一緒って、別に正義でもなんでもないんだから。

友人が先に結婚することになり、裏切られた気分。素直に祝えません

職場が一緒で同い年の友人が、結婚することになりました。結婚式に招待されているのですが、結婚したくて婚活をがんばっていた私はまだ縁がないのに、と思うと素直にお祝いする気持ちが湧いてきません。むしろ、「結婚はまだいいや」と言っていた友だちに先を越されたことが悔しくて、裏切られた気分です。この気持ちをどうすればいいでしょうか？

友だちの結婚式に呼んでもらえるなんて、おめでたいし、出席したら幸せな気分になれるんじゃないの？

友人から結婚すると聞いた時は、もちろん「おめでとう」って言いました。でも、招待状を受け取って気が付いたんですけど、素直にお祝いできなくて、モヤモヤした気持ちを抱えてる自分もいるんです。

それはどうして？

私自身が結婚したくて婚活してるのに、うまくいってないからだと思います。「なんであの子だけが」って思っちゃうんです。

たしかに、そういう状況だと気持ちが落ち着かないかもしれないわね。結婚式前の新婦さんって、幸せのあまりハイになってることも多いから、幸せオーラにあてられるとキツいかも。ただ、お友だちから招待状が届いたなら、大人としては出席するのが礼儀だとアテクシは思うわよ。

そうですよね……。

礼儀として、せめて披露宴は出席してお祝いしたらどう？　二次会とか出ずに、さらっと出席すればいいじゃない。行ってニコニコして、おいしい料理を食べてればいいんだから。お友だちだって当日は忙しいから、それで十分でしょ。

出席したほうがいいのはわかってるんですけど、何か言い訳をつくって欠席できないかな、とか考えちゃうんです。

そこまでイヤなのね。でもその理由は何？

彼女自身、結婚はまだしなくてもいい、なんて言っていたんですよ。実際、彼女より私のほうがモテてたし、婚活だって私のほうがずっと前からがんばっていたんです。それなのに、なんで私より先に彼女が結婚できるの！って考えると、自分がどんどんみじめになってくるんです。

あなた、それって友だちじゃなくて、マウンティング相手に対する考えかたよ。**あなたのなかでは「友だちが結婚した」じゃなくて「マウンティング相手に負けた」という話**なんじゃないの？

マウンティングするつもりはないですよ。ただ、結婚に興味がなさそうな彼女のほうが先に結婚するのが悔しいだけで。

だーかーらー、それがマウンティングなのよ！　自覚がないのって怖いわね……。

そもそも、友だちっていっても会社の同僚なんです。職場ではランチを一緒に行ったりしますけど、休みの日に会ったりとかはしないです。

それは、友だちじゃなくて同僚よね。だとしても、良識ある社会人としてはお祝いくらいしてあげてもいいと思うけど。むしろ、あなたがお友だちのことをそこまで気にするのはどうしてなのかしら。

年齢が一緒の同期で、部署も一緒。職場でもこれまでになにかと比較されてきたんです。ライバルみたいなものかもしれません。

お互いに切磋琢磨できるいい関係じゃない。そんな相手から「祝って欲しい」って結婚式に招待されたんだから、あなた幸せよ。

それはわかるんですが……。やはり素直じゃないんでしょうか、私って。

まあそれは性質とか性格だからなかなか変わらないのかもね。もしあなたが、相手の幸せを願えない、そこまでイヤなんだったら、無理して結婚式は出席しなくていいわ。

いいんですか!?

ただ、その場合はお友だちとの縁も切れるかもね。それに職場の人たちも参加するんでしょ？　あなただけ欠席だったら不審に思われるのは避けられないわね。

やっぱりそうなりますよね……。

やりたくないことはやらなくていいけど、会社での人間関係を考えると出席するのが無難よね。一番いいのは**悔しさをきっかけにしてネガティブなことを考えるんじゃなくて、プラス方向に考えること**よ。

プラスに考えるって、どういうふうにですか？

もしかしたら新郎側の出席者に、好みの男性がいるかもしれないじゃない！　二次会での出会いとか、あなたにも幸せが来るかもしれないわよ。

たしかに……結婚式の二次会って出会いのチャンスがありそうですね。

同年代の異性の知り合いが、一気に増える絶好の機会よ。

先を越された悔しさで、そのことを忘れてました……知り合いの結婚式の副次効果。そう考えると、結婚式に参加するのも悪くないかな。

いきなり元気が出てきたわね。ただ、そこで**あからさまに新郎よりいい男を探そうとすると、マウンティングが続くだけだからダメ**よ。せっかくのお祝いごとなんだから、新郎の友人たちと気持ちよく盛り上げて祝福してあげればいいじゃない。

そうですよね。私、もう30歳だし、焦っていたのかもしれません。

あのね、どちらが先に結婚するかなんてことで競わなくていいの！　**人と比較してもいいことなんて、何もないわ。あなたにはあなたの魅力がある**んだから。

私には私の魅力がある……。そうですね、たしかに一歩引いてこれまでの自分を見てみると、友人へのマウンティングとやきもちから、ちょっとイヤな子になっていたかもしれません。他人の行動に一喜一憂せず私は私のペースで婚活がんばります。ありがとうございました！

人と比較してつらい時は、道端の雑草を見ましょ

雑草って、温室の花と競うこともなく、陽の光をいっぱい浴びて、精一杯葉や茎を伸ばして、花を咲かせてるでしょ。それが生きる本質なのよ。他人と比べてもいいことはないわ。**他人がどうであれ、あなたがどう生きるかには関係ない**の。

SNSで「いいね」がもらえず腐ってます。どうすれば「いいね」を増やせますか?

SNSを始めました。毎日いろいろ投稿しているのですが「いいね」の数が少なく、コメントもほとんど書き込んでもらえません。SNSのよさって、知らない人から「いいね」やコメントをもらって、交友関係が広がることだと思っていたんですけど、想像と違います。「いいね」やコメントをたくさんもらうにはどうすればいいんでしょうか?

お若い質問者さんね。高校生かしら。まあ、SNSで読者からの反応が気になる、というのはアテクシもTwitterをやってるからよくわかるわ。

ですよね。せっかくアップしても反応がないとモチベーションが上がらなくて。どうすれば「いいね」してもらえるんでしょうか? 先生はTwitterのフォロワーが大勢いて大人気ですよね。極意を教えてください!

答えは簡単よ。「いいね」をしてもらいたいなら、**「他人が読みたがるような記事を書けばいい」**。それだけ。

それはわかるんですけど……。どうすればそんな記事が書けるかがわからないんです。

それもそうね。じゃあ、まずあなたがふだんどんな内容をアップしているのかを教えて？

 そうですね。その日食べたものとか、友だちと遊んでる時の自撮りとかですかね。自分がカッコよく撮れた時はついアップしちゃいます。

 「いいね」がつかないのもわかるわー。勘違いしてる人が多いんだけど、自分がすごいことをアピールしたいっていう、**自己顕示欲でアップした記事に「いいね」はもらえない**わよ。

 どうしてですか？　芸能人は自撮りとか料理の写真とかアップしてるじゃないですか？

 若いわね〜。あのね、あなたは芸能人じゃないでしょ。申し訳ないけど、あなたの自撮りや食事に興味がある人ってほとんどいないと思うわよ。だいたい、**自分のことしか書いてない人って、自分のことをほめてもらいたい人がほとんど**なのよね。今のままだと、「いいね」が少ないのもしょうがないと思うわよ。

 先生、キビシイ……。まあ、芸能人ではないのでファンもいないですよね。

 「いいね」してもらいたいんだったら、他人の役に立つような記事を書いてみたらどうかしら。

具体的にはどんな内容ですか？

たとえば、食べ物の写真を載せるんだったら、それ以外に「○○（店名）の○○（メニュー名）がおいしかった」とか、自撮りの写真をアップするなら「○○（製品名）を使うとヘアスタイルがうまく決まる」とか、読んでいる人の役に立つ情報を入れるの。

なるほど。

その情報が本当に役に立つものだったら、「いいね」をしてくれる人もいると思うわよ。あと、あなたは他の人に「いいね」をしてる？

あんまりしてないです。

まずそこからよ！ **「いいね」して欲しいんだったら、まず自分が人に「いいね」しましょう。**

でも自分が「いいね」したからって、相手が必ず自分に「いいね」してもらえるとは限らないですよね……。

何もしないよりは「いいね」してもらいやすいと思うわよ。「いいね」だけじゃ反応してもらえないようなら、相手のいいと感じた記事にコメントを記入してみれば？ **まずは自分が動かないと変わらないわよ！**

地道な努力が必要なんですね。

そりゃそうよ。でね、それでも反応がないのがつらいんだったら、**「いいね」を増やすためのゲームだと考えたらどうかしら**。それなら少しは楽しめるんじゃない？

なるほど。

ゲームのルールは、みんなにメリットがある記事を書いて、他のプレーヤーたちから「いいね」をゲットしていくこと。「いいね」が増えていけば得点もアップしていく。

それなら続けられそうです。それにしても、自分の記事は面白くない上に、役に立ってもいなかったんですね……。薄々わかっていたけどショックです。

あらら。あのね、SNSは「いいね」が全てじゃないから気に病まないことよ。それに**自分を認めるのはまず自分自身**よ。そこに「いいね」の数を絡めて考えちゃうとややこしくなるけど、あくまでも**評価は記事に対してであって、あなた自身の価値が否定されたわけでも何でもないんだから。**

記事が面白くなくても、ボクがダメってことじゃないんですね。

もちろんよ。むしろ、つまらない記事でもよく見れば毎日必ず何かアップしているし、けっこう根気よく続けているじゃない。アテクシはあなたの粘り強さを評価するわ。

 そう言っていただいて少し気がラクになりました。でも、やっぱりどうせ記事や写真をアップするなら「いいね」がたくさん欲しいです――！

 だったらさっき言ったようにゲーム感覚で楽しんでみて。アテクシのTwitterだって、はじめは「いいね」なんてそれほどつかなかったんだから。でも腐らずに「みんなに知ってもらったらきっと気持ちがラクになるはず」と思った言葉をアップし続けて今があるんだから。

Tomy's 10秒アドバイス

「いいね」の数は
あなたへの評価じゃない

SNSで「いいね」を求める人って、「私をほめて」「私を見て」っていうふうに、自分を認めてもらいたくてしょうがないのよね。**自分を認めるのは自分。他人に認めてもらうことじゃない**わ。そこのところを間違えないようにね。

CASE

5

思い通りにならないと、他人にあたってしまい、自己嫌悪に陥ります

私は完璧主義なところがあって、仕事で自分の思い通りにならないと、イライラして部下をどなりつけてしまいます。そのせいか、このごろは部下や同僚からの信用も失っているのではないかと気が気ではなく、また周囲にあたり散らした後は自己嫌悪に陥り、次の仕事へのプレッシャーに押しつぶされそうになってしまいます。どうすればいいんでしょうか？

 こんにちは。完璧主義って具体的にどんな感じなのかしら？

 そうですね。自分の中で常に「○○すべき」「ねばならない」という目標というか、理想像のようなものがあって、その通りにならないと「どうして指示通りにできないんだ」と他人を責めてしまうんです。

 あなたには少し**「ゼロヒャク思考」**なところがあるようね。

 ゼロヒャク思考……ですか？

そう。**うまくいけば100点だけど、そうでないものはすべて0点。**だから自分のイメージしたとおりに仕事が進まないと周囲にあたってしまうのよ。

でも、仕事ですから完全にできて当然です。私自身、上司にそう教えられてきました。ビジネスは結果が全て。過程をほめてもらえるほど甘くはありません。

別にすべて100点でなければ仕事にならないわけじゃないでしょ？　人間なんだから、60点の時もあれば、80点の時もあるわよ。

それはそうなんですが……。でもそうやって部下を甘やかすのはいかがなものでしょうか。私としても、部下に厳しいことを言っている手前、自らも決して手を抜かないという姿勢で仕事に臨んでいるんです。

だって、部下との関係がうまくいっていないと感じてるんでしょ？　だったら、仮に50点しか取れなかった時に「なんで50点しか取れないんだ！」ってどなるより「今回は半分とれたから良しとしよう。失敗を次に生かそう」って言うほうが部下だってついてくるんじゃない？

そうなんでしょうか……。

そうよ。それにあなたは部下を責めた後は自己嫌悪に陥って、自分も仕事への不安に押しつぶされそうになってしまうんでしょう？　それはね、**部下に発した言葉が、**

実は自分にも向けられているからなのよ。

どういう意味ですか。

ネガティブな言葉を口にすることは、自分に呪いをかけているようなものなの。あなたは他人に「ダメだ、ダメだ」と言い続けながら、その言葉であなた自身にもダメ出しをしているのよ。

そう言われると、たしかにそうかもしれません。他人を叱る時は、いやな言葉を自分の中で何度も反芻しています。それが自分にも向けられていたなんて……先生、どうすればいいんでしょうか？

そうね、完璧主義なところはあなたの性格でもあるから簡単には変えられないわ。この性格がいい方向に発揮されることだってあるわけだしね。だったらまずは行動を変えてみましょう。たとえば、仕事の失敗を責めそうになった時に、**それは本当に「すべき」ことだったのかを考えるクセをつける**ようにしてみたらどうかしら。

それで何か変わるんでしょうか？

あなたのようなタイプは、**ひとつのやりかたに固執するから「ダメだ」と思ってしまうことが多いのよ。成功像がひとつしかないから追い込まれちゃう**の。物事にはいろんなやりかたがあって、成功にはいろんな考えがあるものよ。本当に「すべき」ことなのかを常に考えるよう

にすれば、物事の捉えかたに幅が出てくると思うのよ。

 そうはいっても、「すべき」ことというのは目標ですから、やはりやらないといけないことだと思うんですけど。

 そうね、そのクセから変えていきましょうね。だいたいね、何かをしようとした時に、すべてが自分の思い通りになることなんてないわよ。いろんなことが起きるし、何か起きた時、それにどう対応するかという柔軟性を持っておくことが大事なの。

 たしかにトラブルは起こります。それをなくすために、いろいろ考えるし、準備したりするんじゃないですか？

 それはもちろんそうね。無計画よりも、あらかじめシミュレーションして、先に問題点をクリアにしておくことは大事よ。でも、**完璧主義でイライラしてしまうのは、自分の思い描く成功が1パターンしかないからで**しょ？だったらプランA、プランB、プランC、それでもダメだったらプランDって、何パターンも考えておけばいいのよ。

 逃げを打っておくということですか？

 そうじゃないわ。「逃げ」とかネガティブに捉えるんじゃなくて**「自分の思い通り」を増やしておく**って考えればどうかしら。そうすれば、どれかひとつくらいは自分の思い通りになるわよ。

なんか、いい加減な感じも受けますね。それだけぶれちゃうと。

ノンノン！　ぶれてるんじゃなくて、状況に応じて柔軟に考えて、方向性を変えてるの！

なるほど……。途中で方向性を変えるということなら、悪いことじゃないですね。

やってみて、はじめて気が付くことだって多いじゃない。思ったよりやることが多かった場合はプランBにする、そもそも自分にはできないことなら、プランCに変更するという感じで、わかった時点でその都度、考えればいいのよ。そのためには、頭を柔らかくして、肩の力を抜いておいたほうがいいの。

今の自分はガッチガチですね……。

きっとそれだけ真面目で一生懸命なんでしょうね。それはそれで悪いことではないわ。あなたの場合はそうね……、もっと心が軽くなるように極端なことを言いましょうか。ズバリ、**世の中には「失敗は存在しない」**のよ。

どういうことですか？

たとえば、アテクシの場合は、自分がゲイだと自覚する前、両親からは「医者になって適齢期になったら普通に結婚して、いつかは孫を連れてきてくれる……」なんて

希望を抱かれてたものよ。まあ、一般的にはそれが成功像なのかもしれないけどね。もし自分もそれが成功だと思ってたとしたら、今のアテクシの人生は失敗よね。

 先生は成功してるじゃないですか！

 もちろん、アテクシは今の自分は幸せだと思ってるわよ。ただ、あなたのように「すべき」「ねばならない」に縛られて、医者として大学病院の教授に昇進して……ということだけが成功だと思うようなゼロヒャク思考だったら、アテクシの人生は完全に失敗になるわけでしょ。

 価値観が狭すぎたんですね。

 完璧主義者ってことは裏を返せば、自分の思い込みでがんじがらめになっているってことなんじゃないかしら？今現在のあなたが思っている完璧だって、新しい経験をしたら変わるかもしれないでしょ？

 それは……そうですね。たしかに、先生が失敗だなんておっしゃるなら、逆に成功ってなんだろうと思いますよ。

 だからね、**幸せとか成功とかって自分の捉えかた次第な**の。失敗だらけの狭い価値観に陥らないように、自分の成功プランや目標を増やしたほうがいいというのはそういうわけよ。極端な話、**成功プランがAからZまであれば、失敗なんてないも同然**でしょ。大体は成功よ。

ははっっっ。たしかにそうですね。なんか、思い込みすぎてた気がしてきました。「失敗は存在しない」ってすごくいい考え方ですね。肩の力を抜いて、人生を楽しむことにします。

Tomy's 10秒アドバイス

失敗なんて存在しないわ。成功プランがA〜Zまであるだけよ

生きている間に経験することを単なる「手段」と考えると、できない時に「失敗した」と思ってしまいがちよね。たとえば、旅で考えてみて。目的地に移動するだけなら手段で、乗り間違えると失敗したことになるわ。でも、移動すること自体も旅だと思えば、乗り間違えたとしても、どうやってそこで過ごすかを考えると楽しみになるわ。せっかく旅に出てるんだったら、移動時間も楽しみましょ。人生もこれと同じ考えかたで、**失敗も楽しみましょ！**

Part 5

Tomyの
お悩み相談

〈老後の不安&健康編〉

人間は誰しも、老いから逃れることはできないわ。そして、全員に必ず"死"が訪れる。だからといってふさぎ込んでいてもしかたがないわ。それぞれにできることは違うけど、自分にできることをひとつずつ、丁寧にこなしていきましょう。年齢を重ねることで、初めて見えてくる景色もきっとあるはずよ。それに喜びを見出しながら、少しずつ身軽になっていけたら、それはきっと素敵な人生よ。

趣味や人付き合いがありません。どうやって老後を楽しめばいいのでしょうか?

もうすぐ定年退職を迎えます。これまで仕事しかしてこなかったので、付き合いは仕事関係の友人がほとんどですし、学生時代の友人とは、疎遠になって連絡先もわかりません。趣味と言えるものもありません。これから毎日をどう過ごせばいいのかがわからなくて、迷子になったような気分です。どうすればいいでしょうか?

こんにちは。これまでお仕事をがんばってこられたんですね。迷子になったような気分とのことだけど、具体的にどんな不安があるのかしら?

仕事をしている間はやることがあるのでいいのですが、退職後、会社に行かなくなった時、何をすればいいのかわからなくなってしまって……。仕事をしていない自分の姿が想像できなくて、途方に暮れています。

今は寿命も延びたし、退職してからの時間が長いですものね。日本人男性の平均寿命は約80歳ですから、60〜65歳で退職すると15〜20年以上過ごすことになります。退職後に、楽しみもなくボーッと過ごすのは、なかなか簡単なことじゃないですよ。

そう思うとなおさら、何かしなきゃと思いますね。あてがあるわけではないんですけど。

奥さんとの関係はどうですか？　一緒に何か楽しめそうですか？

妻は習い事や友人との付き合いがあって、楽しそうにやってます。私は仕事が忙しいのを理由に妻に付き合ってきませんでしたから、しょうがないと思ってます。

なるほど。であれば、まずは趣味らしきものを探しましょう。そうね、最初からこれを趣味にする、と決めて始めるんじゃなくて、**自分に合うものはないか、いろいろ試してみる「趣味活」なんて**どうかしら？

趣味活……ですか。

そう。いきなり友人をつくるのはなかなか難しいもの。「趣味活」だったら、ひとりで参加しても楽しめるし、続けていれば友だちもできるわ。

なるほど、それはいい考えですね。

趣味は自分が楽しめるものならなんでもOK。まずは、自分が楽しいと思うことをやってみましょう。将棋や囲碁みたいな対戦ゲームや、テニスやゴルフみたいなスポーツもおすすめです。ただ、これらは一緒にやる相手が必要だから、ちょっとおっくうかもしれないわね。

たしかにそうですね。

じゃあ、まずはひとりで楽しめることから始めましょう。
そうね、近くの図書館に行って自分の興味がある分野の
本を探してみたらどう？　情報を集めるのは「趣味活」
に役立つし、帰りにカフェでおいしいコーヒーとか飲ん
だら、十分楽しめるわ。ペットを飼ってたら散歩もいい
ですね。同じルートを通っていたら、同じように散歩さ
せてる人と顔見知りになって、会話しやすいんじゃない
かしら。

なんとなく、イメージがわいてきました。

アテクシのイチオシはスポーツジム。スポーツジムのい
いところは、運動できることと、顔見知りができること、
いつでも自分の好きなタイミングで帰れることです。特
に最後のは、アテクシ的にポイントが高いわ。友だちと
ごはんに行ったりどこかに行った時、疲れたから帰る、
と言いにくくてしんどい思いをしたことないかしら？
あれがちょっと苦手なのよね。ジムだと、約束してなく
ても、顔見知りと適当に会話して、楽しんで帰れるから
気楽なの。

スポーツジム、ですか……。

大きなジムの場合は、疲れてる時にお風呂だけ入る、な
んてこともできるし。有酸素運動、トランポリン、ヨガ、
筋トレなどプログラムがたくさんあるから、体験したこ

とのない運動ができて楽しいですよ。体も動かすし、人との交流もある、体にも脳にも刺激があるから。おすすめです！

運動がいいのはわかるんですけど、あまり興味がないんですよね。興味がなくても何か始めたほうがいいんでしょうか？

そうねえ、続けるためには、やっぱり興味があることを始めたほうがいいと思うわ。

そうなると、興味があることがない自分はどうすればいいんでしょうね……。なんだか情けなくなってきました。

あらら。こんなことで落ち込んじゃダメよ。もっと気楽に考えましょ。そうねえ、そんな時は **「学ぶ」「育てる」** ことを探しましょ！

学校も仕事も子育ても終わったのに、学んだり、育てたりするんですか？

そうよ。アテクシ、人間は消費しているだけだとダメだと思うの。消費だけだと時間を食いつぶしている感じがするのよね。若い頃はそれでいいかもしれないけど、人生の終盤である老後には食いつぶしている余裕はないと思うの。友人と楽しい時間を過ごすのはそこそこ楽しいかもしれないけど、単にお金を使いまくったり、飲みまくったりしても楽しくないとアテクシは思うのよね。時

間を無駄にしないためには、自分が知らなかったことを「学ぶ」ことや、少しずつ変化するものを「育てる」ことがいいわよ。

 なるほど。

 学ぶことで「自分もまだこれだけ成長できるんだ」と実感できるし、毎日何かしら変化があるものを「育てる」のは楽しいものよ。

 具体的にどんなことがありますか？

 なんでもいいわ、絵画教室に通ったり、楽器を習ったり、社交ダンスを始めてもいいわよね。ペットを飼ったら、毎日お世話してると時間なんかすぐに過ぎちゃうわよ。そうね、家庭菜園で野菜を育てるのもおすすめ。育てるうえに収穫して食べられるんだから、性に合えば一石二鳥よ。

 いろいろありますねえ。

 仕事をやめたら時間がたっぷりあるんだから、新しいことを始めればいいのよ。興味があれば移住とかいいかもね。

 移住！　それはまた大がかりですね。

新しいところで新しい生活を始めるんだから学びの連続になるわ。人って、いくつになっても冒険したい、人生を変えたいと思うことがあるんじゃないかしら？　新しい文化や新しい生活を始めることにワクワクできるなら、移住はとてもいいと思うわよ。

そういえば、田舎暮らしを始める人もいますね。都会生活にも疲れたし、のんびり田舎暮らしもいいかもしれませんね。

ちょっと待って！　そういう気持ちで移住するのは、不満が出てくるからおすすめしないわ。移住は人生を豊かにしてくれるケースもあるけど、うまくいかないことだってあるから。

そうなんですか。

食べ物が口に合わないとか、人間関係が面倒だとか、交通の便が悪いとか、何かしら不満が出てくるわね。移住した先で安くて楽な生活が送れる、なんて思ってると裏切られたときの落ち込みも大きいしね。それよりも、**移住そのものを目的だと思って移住する人はうまくいくものよ**。やりたいことをやれたんだから、多少不便なことがあっても、それ自体体験だと思えば愚痴も出ないし後悔もないわ。要は楽しめるかどうかが大事なの。

いきなり移住は想像もつきませんが、楽しみが大事なことはよくわかりました。まずは「学ぶ」「育てる」こと

で、自分が楽しいと思えることを探してみることにします。

楽しみは、
案外近場にたくさんある！

移住は思い切りが必要だし、リスクもあるから万人向けではないわね。そこまで劇的じゃなくてもいいの。近くの図書館に行ったり、新しく見つけたカフェでコーヒーを飲んだり、犬を連れて初めての公園に散歩したり、**新しい経験や楽しみはすぐ近くにいくらでも落ちているもの**よ。遠出する前に、まずは近くで楽しみを探してみましょう。

CASE

2

妻が亡くなりました。ひとりでは何もできず明日生きていくことも不安です

60年近く連れ添った妻が亡くなりました。ショックで何も考えられません。家事はいっさいできないので今後が不安です。

 奥さまのこと、残念でしたね。

 突然のことで、正直、今はまだ気持ちの整理がついてません。これからどうしようかと不安で、悩んでばかりなんです。

 今は、おひとりなんですか?

 娘がふたりいるんですが、結婚して家を出ています。ただ、下の娘はすぐ近くに住んでいて、こまめに通ってくれてます。

 よかったですね。安心じゃないですか!

 そうなんです。娘には感謝してます。ただ、ずっと頼るのも負担になるだろうと思ってるんです。

それは、なんらかの形で解決するしかないですね。そのまま娘さんに甘えるか、お金を使うか、自分が頑張るか、のどれかになるかしら。

正直、料理や洗濯は今までやったことがありません。頑張ればできるものなのでしょうか?

そうですね。今は娘さんがなんとかしてくれるでしょうから**頼ってもいい**と思いますよ。おいおい、できることから始めればいいんです。

頼ってもいいんですね。安心しました。

ただ、先のことを考えると、自分のことは自分でできるようにしたほうがいいとも思うの。娘さんも、ずっとあなたの面倒を見られるとは限らないし。

それはそうですよね。とはいえ、何をどうすればいいのかさっぱりわかりません。

そうね、まずは娘さんに教えてもらいましょう。掃除、洗濯、買い物、料理、覚えることはたくさんありますよね。いきなりひとりでやるのは無理だから、娘さんが来てくれた時に、一緒にやっていれば自然と学んでいくんじゃないかしら。

一緒にやるのであれば、できそうですね。

少しずつでいいから、教えてもらってひとりでやれるようになるのを目標にしましょうね。そうすると、寂しくなくなりますよ。

 でも、長年妻と一緒でしたから、ひとりになると、やはりさみしいです。夜、床についても明日のことが不安でなかなか寝つけないことが増えてきました。

 人間はね、頭がお暇になるとよくないことを考えるようになるのよ。だから手を動かしてみることです。まずは自分で買い物して、料理を作って、家の中を片付けて、いろいろやっていると気が紛れますよ。最初は娘さんに手伝ってもらいながら、途方に暮れないライフスタイルを自分で作っていくのはどうかしら？

 正直、今は家の中のものがどこに何があるかもわからなくて。すっかり娘に頼っていたんですが、たしかにやることが増えて頭が暇になることはなくなりそうですね。いろんなことを、ちょっとずつ覚えていくことにします。ありがとうございました。

困ったなら
甘える勇気を持ちましょう

近くに頼れる人がいる時には頼っていいと思うの。**自分がどうしようもない時は、周りの人がなんとかしてくれるものだから。**そのうち、やる気や元気が出てきたら、自分にできることをやればいいのよ。

CASE

3

夫が亡くなり、お金のこととかがまったくわからず、途方に暮れています

亡くなった夫はとても頼りになる人で、私はそれに甘えて夫に頼りきりでした。お金や保険のことなどもすべてまかせきりだったのでこれから何をどうすればいいのかがわかりません。気持ちの切り替えかたを教えてください

 こんにちは。旦那さんが亡くなってどれくらいですか？

 1か月半ほどでしょうか。ちょうど先週、四十九日が終わったばかりです。

 それは大変でしたね。

 そうなんです。これまで、家事以外のことをほとんどが夫まかせだったので、預貯金や保険、税金のことなどがさっぱりわかりません。これからが不安でたまりませんし、ひとりになって寂しくて、生きる意欲が湧いてきません。

 そうですよね。近しい人との別れは悲しいし、つらいですもんね。今は、人に聞きながらでもやるべきことをやりましょうね。前にも他の相談者さんに話したことだけ

ど、**人間は頭がお暇になると、良くないことを考えて不安になるの。やるべきことがある間は寂しくならないで**すから。お子さんはいらっしゃるの？

息子がひとり。東京でサラリーマンをしています。夫に似てなんでも自分でやってしまうので、頼られたことがなく、最近はあまり行き来もありませんでした。

旦那さんが亡くなったのを機会に、息子さんとコミュニケーションをとってみたらどうかしら。

まあ、息子が迷惑でなければ。

大丈夫よ、ビジネスマンなんだから、お金や保険の手続きなんかも手伝ってくれるんじゃないかしら？　大義名分があれば話しやすいでしょう。

そうですね。でも、今はそのいろんな手続きがあって、忙しくしていると気が紛れるんです。

じゃあ、**あえてゆっくりやりましょう。寂しくなるのを遅らせるためと思ってね。**もちろん、期限があるものはその限りじゃないけど、そういう時は息子さんを頼ればいいんだし。気持ちが落ち着いて、気力も出てきた時に、これからのことを考えればいいんです。**それは、自分の気持ちを整えて、これからの目標を立てる**という意味でも。

これからのこと……。もうそんな歳ではありません。

でも、**あなたは生きているじゃないですか。だったら、これからのことも考えないと。**

でも今はとにかくひとりになった不安と寂しさがすべてを支配してしまっていて、なかなかそこまで考えがまわらないんですよ。

それはそうですよ。長い間一緒にいたんですものね。でも、旦那さんは消えてしまったわけじゃないでしょう。**あなたの記憶の中に、一緒に過ごした温かさ、感謝の気持ち、切なさ、悲しみ、怒りなど、たくさん残っていますよね。それらはいわば、旦那さんが生きた証。それらを抱えて、未来を見つめて生きていきましょうよ。**

はい。やってみます。

では、まずは寂しさを紛らわせることを考えましょう。つきなみですけど、犬や猫を飼ってみたらどうかしら？

でも、私がどれくらい元気でいられるかわからないですし、生き物を飼うのは無責任なような気もします。

保護犬や保護猫はどうかしら？　犬や猫にもおじいちゃん、おばあちゃんはいるわよ。

たしかにそうですね。

あとは、山に行ったり、お寺さんに行ったり、外に出るのは体力もつくし、気晴らしになっていいですよ。犬を飼えば散歩で外に出るようになりますし。あと、家を片付けるとか、終活もおすすめ。あ、終活はそれを楽しめるのであれば、ですよ。頑張ってするものではありません。**人生のラストステージに立っていると思って、のんびり楽しみましょうね。**

そう言われると、いろいろありますね。夫が亡くなってから塞ぎ込んでいたので、何かをするなんて考えてもみませんでした。

友だちに会って話すのは気分転換になるわよ。お誘いはないの？

そういえば、友人から「落ち着いたらお食事でも」って声をかけてもらっていました。

いいじゃない。あなたがイヤでなければ、誘って出かけるといいと思うわよ。これはアテクシの経験からだけど、女性は「何をするか」より「誰といるか」を大事にしてるみたいだし、誰かと話すだけでも気分転換になるんじゃないかしら。

そうですね。夫が亡くなってから悲しみに暮れるばかりでしたが、そろそろ私も前を向かないとですね。友人に連絡してみます。

悲しむことも大事だけど、**あなたが今生きていることも大事にして**くださいね。何か興味のあることや、したいと思うことが出てきたら、無理のない範囲で始めるといいわよ。

Tomy's 10秒アドバイス

大切な人を亡くした悲しみは、生涯消さなくていい

ひとりの人間の存在がこの世からいなくなるのは、とってもショックなこと。悲しみは消えないわ。でも、それでいいの。**記憶の中にある思い出を抱えて生きていきましょう。それが**亡くした人の生の証なんです。残された側は、悲しみを抱きながらも、今自分が生きていることも大切にしましょうね。

213

老いることが怖い。若さが失われて いくことが不安でたまりません

自分が歳を取ることを、受け入れられません。でも否応なしに 肌はシワシワ、白髪も増えて、腰やひざが痛く、記憶力も低下 しています。これからどんどん老け込みそうで、怖くてしかた がありません。

こんにちは。今おいくつですか？

75歳です。70歳を過ぎた頃から「老い」を強く感じる ようになりました。

具体的にどんなことを感じるんですか？

見た目がどんどんおばあちゃんになってきました。正直、 気持ち的には若い頃とあまり変わっていないつもりだっ たので、自分が老いることをまだ受け入れられないんで す。でも、このままだと、どんどん老け込みそうで怖く てしかたありません。若返る秘訣があれば教えてくださ い。

基本的には老化現象を止めるのは無理なんです。でも、 若返ることはできますよ。その特効薬は、**「好奇心を持**

つこと」です。

 好奇心を持つって、どうすればいいんですか？

 なんでもいいんですよ。何か興味のあることはないですか？

 なんでもいいって言われると、逆に思いつかないです。これといった趣味もないですし。

 先ほど、気持ちは若いままだとおっしゃっていたけど、新しいことへの好奇心はありますか？

 そういえば、ここ数年は何か新しいことを始めようとか、そういう気力がありませんでした。

 気持ちは若いつもりでいながら、新しいことへ興味がわかない……そのアンバランスさが、老いへの恐れの原因のひとつになっていたのかもしれないですね。

 そうかもしれません。

 じゃあ、本当に若くあるためにも何か始めてみましょうか。たとえば、知らない街に行くとか、白髪を染めてみるとか、マニキュアをしてみるとか、ヨガを始めるとか、何かないかしら？　ただ、興味のないことは続かないので、やってみたいと思えるものや、やっていて楽しいものがいいと思います。

友だちとおいしいものを食べに行くのも、若返りには効きますよ。

そうですね。私も以前はお友だちといろいろ食べ歩いていたんですけど、コロナ禍をきっかけに山かりる機会が減ってしまって、それで一気に老け込んじゃったような気がします。

そういう方、多いんですよ。

先生、どうすればいいでしょう？

そうねぇ、逆に自宅で過ごす時間が増えたというんだったら、家の片付けとか始めたらどうでしょう？

掃除ってことですか？

掃除というよりは、押し入れの中などにしまっているものの整理です。ふだん使わなくてとってあるものって、不要なものがあったりしません？　それらを整理整頓するんです。これからの人生に必要ないと思ったものは、思い切って処分しましょう。「人生の棚卸し」って感じでしょうか。

それいいですね。モノでいっぱいの物置や押し入れを片付けるのは一苦労だから、この機会にやってみようかしら。

整理整頓してモノを手放していけば、家の中もスッキリするし、自分自身の執着や欲望も手放せるんじゃないかしら？　アテクシはね、実はよく断捨離するのよ。「これ必要かな？」って少しでも迷うものはとりあえず手放しちゃうの。そうすると、部屋がどんどんシンプルになっていって、気持ちがいいものよ。

断捨離ですか。たしかに、70年以上生きていると、家の中はよくわからないものでゴチャゴチャです。

それならぜったいに、断捨離がおすすめよ。部屋の中をスッキリさせてモノが少なくなると、余計なモノを置きたくなくなるし、モノとモノのあいだに「間」が生まれて、それが緊張感とかスッキリ感を作ってお部屋全体の調和がとれてくるの。これは実は頭の中も同じでね、イヤな記憶や将来への不安など、自分の力ではどうしようもないことは、とりあえずどこかの引き出しへしまってしまうの。

はい。

そうすると、頭の中には、今度お友だちとこのお店に行こうとか、新しくこんな趣味を始めてみようとか、当面やらなければならないことだけがある状態になるのね。

とてもシンプルですね。ギュウギュウの押し入れや物置を思い出したら、がぜんやる気になってきました。なんだか、新しいことへも挑戦したくなりました。

217

そうやって暮らしを整えたら、次は、**老いを手放していきましょう。**

具体的にはどうすればいいんですか？

老いることを怖がったりイヤだと思うんじゃなくて、楽しむの。

老いを楽しむことなんて、できますか？

今日ね、75歳のおばあちゃんが受診されたんだけど、赤茶色に染めた髪をクリクリの縦パーマにして、ドレスを着ていらっしゃったの。年齢を考えると奇抜だけど、とってもお似合いだったし、すごくエネルギーを感じたわ。

それはすごいですね。

もちろん、ファッションを奇抜にすればいいってことじゃないわよ。**大事なのは、自分がこのくらいの年齢になった時に、こうありたい、こうなったらイヤだ、という具体的なイメージを持つこと**なの。たとえば、さっきのおばあちゃんは自分がいいと思うイメージを大事にしてるから似合ってるし、生き生きしてるんだと思うの。

具体的なイメージ……。

歳をとっても、きれいな人やかっこいい人はいるでしょ。吉永小百合さんなんて、いくつになってもおキレイよね。そこを目標にして近づくよっに生きていけば、自分の理想に向かって老いることができるんじゃないかしら。

 なるほど。**老いに抗うというよりも、さらに理想に向かって生きる**ってことですね。老いに対する考えかたが変わりそうな気がします。

Tomy's 10秒アドバイス

モノも若さへの執着も、手放すことでラクになる

不安の根底には「こうならなきゃいけない」という執着があるものよ。たとえば、いつまでも若々しくいたいとかね。若々しいにはいろんな意味があるわ。ピチピチした肌やツヤツヤの髪は、歳をとるとどうがんばっても維持するのが難しいもの。でも、美しい所作とか姿勢であれば、年齢は関係ないわ。加齢とともに失われるものを嘆くのはせんないこと。それらを手放して、**年齢に合った美しさを求めれば、心はどんどんラクになります。**

CASE

5

死ぬことが、怖くてたまりません

死ぬということが、たまらなく怖いのです。最近はコロナ禍が
あったりして、それがよりひどくなってきました。不安で居て
も立ってもいられず、夜中に目を覚ましてそのまま眠れないこ
ともあります。人は必ずいつかは死ぬとわかってはいるのです
が、身近な家族や自分の死を想像すると、怖くてたまりません。
どうすればいいでしょう？

 こんにちは。死ぬのが不安とのことですが、何か病気と
か抱えてるんでしょうか？

 特に持病があるわけでもないのですが、自分の死を考え
るとたまらなく怖くなるんです。

 どんな気持ちになります？

 自分が死ぬということが全く想像できません。すべてを
失ってしまうと思うと、居ても立ってもいられないよう
な気分になるんです。

 理由はないけど、死ぬのが怖いということですね？

はい、そうです。

それはいつからですか？

コロナ禍になってからひどくなりました。テレビも新聞も、未知のウイルスだとか、高齢者は死亡率が高いとか、中高年でも急に悪化して死亡するケースがあるとか、脅すようなニュースばかりで。「もしかしたら自分も……」と思うと、怖くて外に出たくなくなりました。

そうですね。未知の感染症を怖がるという気持ちはわからなくもないのですが、でもちょっと怖がりすぎじゃないかしら。

そうはいっても、怖いものは怖いんです。

落ち着いて聞いてくださいね。ヒトは必ず死にます。病気なのか、事故なのか、老衰なのかはわかりませんが、あなたもアテクシもいつかは死にます。

はあ。まあ、それはそうですよね。

ラテン語に「メメント・モリ」という言葉があるんですけど、ご存じですか？

聞いたことはあります。意味はよくわかりませんが。

メメント・モリにまつわる話はいくつもあるんですけど、古代ローマの将軍が戦いに勝利して凱旋パレードしている時に、周囲に言っていた「今日は勝利して絶頂にある。しかし明日はどうなるかわからない」という自戒の意味を込めた言葉である、というのが一説にあります。逆に、「食べて飲み、陽気になろう。我々は明日死ぬから」と詠んだ古代ローマの詩人もいるし、キリスト教では「現世より死後の世界を考えよ」という意味で使われているの。解釈はいろいろだけど、共通するのは**「死を忘れるな」**ってこと。だって、地球上の全員がどうせいつかは死ぬわけだから、それが怖いっていう悩みはナンセンスだと思わない？

なんだか哲学的な話になってきましたね。よくわかりません。

要は、みんな死ぬことを忘れてるか、よくわかってないから怖いんじゃないのかってこと。**いつ来るかわからない死におびえて過ごすのは、萎縮して生きることになる**わ。必要以上に怖がって、外にも出ず、いろんなことを我慢し続ける時間がもったいないでしょ。アテクシは**「どうせいつかは死ぬんだから、そのことを前提に生きるべき」**と思ってるの。そしてね、実際に死ぬ時は「死」には気づかない。そう考えると死は怖くなくなるかもしれないわ。

どういう意味ですか？

これは、「死」をどう考えるかで変わるわね。たとえば「魂がある」と考えている人の場合は、死を認識した（自分が死んだ）としても、魂があるんだから体がなくなるだけよね。意識はあるんだから、自分という存在は消えない、ということ。この場合、**死は存在するんだけど、自分が消えはしないので怖くない**わよね。むしろ、病気や老いを抱えた体から自由になるんだから、痛みやつらさなど、余計なことに煩わされなくなるわ。

 はあ、そういう考え方もありますね。

 そして、もし「魂は存在しない」と考える人であれば、**「死」そのものが存在しないので怖くない**はず。だって死んだ瞬間に、そのことを認識する魂がないんだから、そこで終わりでしょ。

 なるほど。

 つまり、どっちに転んでも問題ないってことよね。そう考えると、「死」がそれほど怖くなくなるんじゃない？

 たしかに、なんか少しほっとしてきました。

 あとね、アテクシは最近、**「死はがんばって生きたごほうび」**と思うようになってきたの。

 どういうことですか？

わかりやすく言えば、いつか自分が死を迎えるその時を想像して、イメージトレーニングしておくの。アテクシ思うんだけど、死を意識するかどうかで生きかたも変わってくるのよね。いろんな意味で浪費しなくなるし、人との付き合いかたも変わるわ。**時間が無限にあると思っている人と、そうでない人と生きかたはまったく違うから。限られた時間だと思うと、毎日を大事に過ごすようになる**のよね。

限られた時間、ですか。

もちろん、時間が無限にあると思ってもいい時期はあるわ。若い頃なんかそうよね。それを経た上で死を意識すると、そこから生きかたが変わってくるの。あなたが死を怖いと思うのは、死を意識したということ。アテクシが死を意識したのは、パートナーを亡くした頃ね。まだ若かったから、人はいつか死ぬ、いつか終わりが来るなんてことは想像もしなかった。パートナーを失った時、初めて死を怖いと思ったの。そしてそれと同時に、死ぬことを受け入れたのよ。

先生は、死ぬことが怖くないんですか?

そうね……。大切な人との死別を経験して、今では**自分が精一杯生きて迎えた死であれば、会いたい人と会えるごほうびになる**と思っているわ。若い頃は、明日死ぬかもしれないおじいちゃんがニコニコしているのを見て、自分がもうすぐ死ぬかもしれない時に、あんなふうにな

れるのかと思ったこともあるわよ。残り時間が少なくなるから、年を取りたくないな、なんて思ったりもしてたわ。ただ、長く生きると、自分の大事な人がどんどん先に逝って（死んで）しまう。そうなると自分の順番はいつかな、と楽しみに思うようになってくるの。その瞬間はちょっと怖いかな、とも思うこともあるけどね。そして、その境地になると、大抵のことはささいな悩みになるんじゃない？　だって、**最終的には死を迎えてすべて手放す**んだから。

なんとなく、わかるような気がしてきました。

死を受け入れられなかったり、死を考えた時に落ち込んだりするというのは、自分が死なないと思っているところに、自分が死ぬかもしれないという現実を突きつけられた時よ。永遠に続くと思っていた日常が、そうじゃなかったことにショックを受けるの。**死はいつか来るということを意識している人は、いちいち死を考えて落ち込むこともないわ。**

先生、その境地になるためにはどうすればいいんでしょうか？

そうね。やりたいことをやり尽くしているかどうかは大事よね。自分の人生、これだけはやっておきたいということがあればやっておきましょう。あとは、**1年後に死ぬと言われたら自分はどうするか**、具体的に考えてイメージトレーニングしましょう。

1年後の死、ですか？

 そうよ。1年というタイムリミットを設けることが大事なの。明日だとあまりにも早すぎて思考のトレーニングにならないし、長すぎても考えられないから。1年っていう期限があると、やりたくないことはしたくないし、いらないストレスは抱えたくない、会いたくない人とは会わないって思えるようになるから、優先順位がついて生きやすくなるわよ。

 なるほど、それはいい案ですね。

 死ぬことを具体的に考えてもジタバタしなくなれば、基本、怖いものはなくなるわ。優先順位がはっきりするから、悔いがないようやりたいことはやるし、それができれば、あとはプラスアルファのもらいものの人生って思えるから、悩みや不安にとらわれなくなるわよ。**クヨクヨ考えた時には、その悩み、1年後も2年後も続いてる？ 死ぬ時まで悩んでる？ って考えてみて。大抵の悩みは「そこまでじゃないな」って思う**んじゃないかしら？

幸せに生きるために、いずれ自分は死ぬということを忘れない

人間はつい、日常がずっと続くということを前提にして物事を考えてしまいがち。死に比べたら些細なマイナートラブルで頭の中をいっぱいにして、それをモグラ叩きのようにひたすら追いかけ続けても疲れるだけで、幸せにはなれないわ。もちろん、毎日の小さな困難に立ち向かうことも大切なんだけど、人は誰でも必ず死ぬ、そのことを前提に物事の優先順位を考えておいたほうがいいと思うの。だって、**仮に来年死ぬとしたら誰かを恨んだり社会を憎んだりするよりも、今の季節はこれが最後なんだから、天気のいい日に目いっぱいお散歩を楽しんでおこうとか、その時にお世話になっている人を誘ってみようとか、そういうことを思うはず**でしょ。自分はいずれ死ぬということを忘れずに、何が本当に大切なのか——ときどきそれを考えてほしいのです。

227

あなたは、ちゃんと人に相談したことありますか?

　こう問われると、たいていの人は「そんなのしょっちゅうやってるよ」と答えるかもしれませんね。しかし、本当に有意義な相談ができているでしょうか。
「それでさ、話があるんだけど」
「えー、何々?　何の相談」
　カフェなどでお茶でもしながら、あるいはベッドに寝転んで電話をしながら、たいていはこんなふうに「相談」が始まっていきます。しかし、話はあっという間に違う話となり、誰かの噂になったり、相談のことはそっちのけで「またね」となったりすることはないですか。そして、何かの折にまた同じ話を切り出すことになる。これだと、相談はしているつもりでも、上手くできていないのです。この場合、大きくふたつの理由があります。

①そもそも、「相談」は会話のきっかけで、結果を期待していない。
②相談したかったけど、途中であきらめた。

　前者は特に問題はないと思うのですが、問題は②の場合です。相談しようと思って話しかけたけど、上手くいかなかった。あるいは途中で気が変わった。こんなことがよくあるのであれば、あなたは上手く相談することができていないのかもしれません。
　相談するには、自分が何に困っているのか、どう困っているの

かをある程度明確にし、相手に提示する必要があります。つまりうまく言語化しなければいけません。それができないと、「相談したい」という気持ちがあっても、上手に相談できずにあきらめることになるのです。

　また、相談するには「自己開示」が必要になってきます。自分のあまり人に言いたくない部分を、時に秘密とすら言えるものを明らかにしなければいけないこともあります。話の流れの中で、それに躊躇することもあるでしょう。

　そして、自分のことを相手に話すのは、本当は迷惑じゃないだろうか、あるいは相手の言動に傷つけられるかもしれないんじゃないか、そんなことを考えて相談を流してしまうこともあり得ます。

　このように「相談」は考えすぎると大変難しくなってしまうのです。とりあえず相手と会話できただけで、気はまぎれますから「まあいいや」となるのです。

　しかし、せっかく誰かに話す機会があったのなら、上手に相談できれば、もっと得られるものがあるかもしれません。世の中には、お悩み相談、人生相談など、相談を扱ったメディアが溢れています。それは必要とされていながらも、実際には相談をするという機会が、なかなか得られないからではないでしょうか。

　この本はまさに、飛鳥新社の池上さんからアテクシへの「相談」

から始まりました。

「Tomy先生の言葉が紡ぎだされる過程を、そのまま読者に伝えられる本にしたい」

　そこで、この本は、相談者とアテクシの会話をそのまま文字に起こすような手法を使って作りました。相談の内容もさることながら、相手に相談することの大切さ、ダイナミズムも感じ取っていただけたらなと思ったからです。そして、誰かに相談する勇気を持つ、そんなきっかけになれば幸いです。

精神科医Tomy

相談する勇気が持てるよう
祈っているわ!

精神科医 Tomy
（せいしんかい・とみー）

1978年生まれ。某国立大学医学部卒業後、医師免許を取得。研修医修了後、精神科医局に入局。精神保健指定医、日本精神神経学会専門医。現在はクリニックにて多くの患者と向き合う日々を送る。2019年6月から本格的に投稿を開始したTwitter「ゲイの精神科医 Tomy のつ・ぶ・や・き」が「一瞬で心が癒される」と話題を呼び、2021年11月現在、フォロワーは25万人を突破。舌鋒鋭いオネエキャラで斬り捨てる人は斬り捨てる一方で、悩める子羊にはどこまでも寄り添い、ラクに生きるための手助けを続けている。覆面で雑誌、テレビ・ラジオ番組にも出演。また、2021年8月からは音声プラットフォーム「voicy」にて「精神科医 Tomy きょうのひとこと」を配信中。

著書に『精神科医 Tomy が教える 1秒で不安が吹き飛ぶ言葉』（ダイヤモンド社）、『人の好き嫌いなんていい加減なものよ。』（KADOKAWA）、『精神科医 Tomy の自分をもっと好きになる「自己肯定感」の育て方』（マガジンハウス）、『ストレスをぶっ飛ばす言葉─心がスッキリする100のアドバイス』（興陽館）など多数。

お悩みは
精神科医Tomyにおまかせ!

相談する勇気

2021年12月10日　　第1刷発行

著　　者	精神科医 Tomy
発行者	大山邦興
発行所	株式会社飛鳥新社

〒101-0003東京都千代田区一ツ橋2-4-3　光文恒産ビル
電話　　03-3263-7770（営業）　　03-3263-7773（編集）
http://www.asukashinsha.co.jp

イラスト	カツヤマケイコ

ブックデザイン	鈴木大輔・江﨑輝海（ソウルデザイン）
編集協力	大政智子
DTP	三協美術
印刷・製本	中央精版印刷株式会社
編集担当	池上直哉

ISBN978-4-86410-817-1
Ⓒ Tomy 2021, Printed in Japan

飛鳥新社SNSはコチラから
公式twitter
公式Instagram
ASUKASHINSHA